強い人生をつくる中村天風の言葉

最晩年の弟子が伝える天風師の教え

松本光正 著
サン松本クリニック院長／天風会講師

あっぷる出版社

はじめに

言葉には大きな力があります。
その一言で大きな勇気が湧いた人もいるでしょう。
またその一言で傷つき斃《たお》れてしまった人もいるでしょう。
その一言で死ぬのをやめた人もいるでしょう。
逆にその一言で死んでしまった人もいるでしょう。

言葉は大きな力をもっています。
一人の人生を変える力さえもっています。

みなさんは、中村天風という人をご存知でしょうか?
この本を手にとられたのですから、少しはご存知かもしれません。
でも、本当の姿となるとなかなかご存知ないかと思います。
天風に関する本はたくさんありますが、天風について、もっと詳しく知りたいという方もおられると思います。

この本は、そんな方のために書きました。

中村天風とはどんな人物だったのか。

天風自身の言葉で、理解していけると思います。


中村天風は、知る人ぞ知る、とても「すごい人」です。

例えば、一部上場企業の社長さんの書棚には、たいていその著書があるといわれています。経営の指南書というだけではなく、人生の指南書として読まれているのだろうと思います。

実際に、各界の多くの著名人が天風を師と仰ぎました。

政界では、日本初の政党内閣を作ったとされる原敬。経済界では稲盛和夫、松下幸之助。宗教界では生き仏ともいわれた鶴見総持寺の管長石川素童。芸術界では蒔絵の人間国宝松田権六、長崎原爆平和像の北村西望。スポーツ界では野球の広岡達朗、横綱鏡里、双葉山をはじめ、たくさんおられます。作家の宇野千代もそうです。東郷平八郎、ジョン・D・ロックフェラー三世も天風の話に深く感銘を受けたといわれています。昭和天皇の御前講演もしています。

最近では、野球の大谷翔平、ＨＩＳ創業者の澤田秀雄、歌舞伎俳優市川海老蔵、鈴廣社長の鈴木博晶、俳優の石田純一の各氏が、天風について語っています。

天風は、最後の武士でした。

柳川流抜刀術の達人でもありましたが、日露戦争では軍事密偵として、日本刀で数十回も斬り合いをしました。まさに最後の侍です。

「天風」という号は、抜刀術の型の一つ「天風《あまつかぜ》」からとられています。

自分が正しいと思えば、戦前の暗黒時代に、出陣前の兵士に対して「お前ら死ぬなよ」と講演したのが天風です。天風に向かって「弁士中止！」と叫ぶ憲兵に対して「お前も日本男児だろー！　俺の話を聴けー」と言い放ち、平然と戦争反対を唱え続けた人です。

「自分に疚《やま》しい処がなければ　千万人と雖《いえど》も我行かん」という言葉どおりの信念の人です。

曲がったことが大嫌いな、まさに武士道を貫いた人です。武士道を貫いた人は、古今東西、何事にも秀でた才能を現します。天風は、書も画も超一流でした。現代の宮本武蔵といっても過言ではありません。

しばしば、天風を右翼のようにいう人がいますが、それは違います。

天風は、中国の革命家孫文を陰に日向に助けた人物でもあります。明治三〇年代、頭山満とともに日本で孫文を匿い、辛亥革命では孫文を助け、辛亥革命に敗れた孫文と神戸の六角堂に身を潜めました。

また、日本に逃れて独立運動を続けるインドの革命家ビハーリー・ボースを援助しています。

天風は右翼ではありません。愛国者なのです。

正義とあらば敢然と権力者に向かっていく志士なのです。

天風は私たちに、人間とはなにか、幸福とは、プラス思考とは、心とは、生きるとは、命とは、といったことを話してくれました。

それは、人間、あるいは人間の生き方に関する総合哲学です。人生に関する話もたくさん含まれています。

心と身体を一体化して初めて、真に健康な人生を送れると説きました。

それが、心身統一法です。

心はこう養う、身体はこう鍛える、食べ物はこうだ、運動はこうだと、健康で長生きできる方法を説き、自身も九五歳の長寿を全うしました。

天風は一九六八年（昭和四三年）に亡くなりました。当時、一〇〇歳を超える長寿者はわずか五〇〇人の時代です。九五歳での老衰死は見事だといえます。ちなみに、二〇一九年では七万人を越えています。

ところで、九二歳没という記述が多くの資料で見られますが、私の調べでは、天風は一八七四（明治七）年五月誕生、一九六八（昭和四三）年一二月一日死亡です。そうすると、九五歳没となります。死因は老衰です。肺癌と書かれている資料もありますが、これは間違いです。

他にも、天風の経歴については、いくつか間違った記述があります。そのため、巻末に、私なりに調べた天風の知られざる年表を掲載しておきます。ご参考にしていただければ幸いです。


私が天風に初めて出会ったのは高校二年生のときでした。正直にいうと、最初に話を聴いたときのことはあまり覚えていません。ところが、直接講演を聴いて何週間か経った頃、私の心の中に、師の言葉が響いてきたのです。師の言葉が、私の生き方、考え方を少しずつ変えていったのです。それから天風会に通うようになり、間近で色々教えて頂く機会を得ました。

当時、天風会では夏の二週間、夏期修練会という天風哲学実践の場が各地で設けられていました。私は北海道の大学に進学しましたが、六年間の在籍中、毎夏、京都を皮切りに大阪、神戸、東京の四カ所の修練会に出席していました。今でいえば、「追っかけ」です。大学の夏休みは天風一色でした。

天風の教えが、私の人生、医師という仕事に大きく役立っています。

天風を慕う人は各界にたくさんおられますが、今ではその姿を直接見て、直接声を聴いた方も少なくなりました。

そういう意味では、私は幸運でした。中村天風最晩年の弟子の一人になることができたのです。直接その姿を見て話を聴けたのです。お身体にも触れました。声をかけてもらえました。お宅で食事もさせていただきました。

初めてお会いしてから六〇年。天風はそれからずっと、私の人生の師です。

なぜこんなに長く慕い続けているのかと考えました。天風の作り上げた天風哲学、心身統一法という教えに惹かれてきたことは間違いありません。教えの素晴らしさだけではなく、師が発する言葉に魅かれて、ずーっとついてきたのだと思います。

天風の言葉のひとつひとつが、私の生き方を作ってくれたのです。

私も人生を七七年あまり生きてきて、たくさんの素晴らしい言葉、名言、諺に出逢いました。その言葉によって助けられ、勇気づけられ、人生の方向を決めることができました。

世の中には素晴らしい言葉がたくさんあります。

しかし、天風の言葉は一味違います。この一味の違いが、私の心に響くのです。

天風は、難しい話を誰にでもわかるように、古今東西の例え話、諺、和歌や俳句を引用して、私たちに話してくれました。とにかくわかりやすく説きました。

私は、天風師が作った歌、俳句、引用した諺や和歌、俳句を丹念に収集し、研究しています。一種のオタクです。そこには素晴らしい言葉の数々が溢れています。この本には、天風自身の言葉だけでなく、天風が引用した示唆に富む数々の諺、和歌、俳句の類も盛り込んでみました。

天風会とは？　心身統一法とは？　という命題に対しては、

「完全に生きることを教えるところ」

「人間の生命に与えられている大きな力を、完全に発揮させて幸せな人生を送る方法」

というのが、天風会的には優等生的な答えでしょう。

しかし、別の言い方をすれば、天風会とは「よい言葉のシャワーを浴びるところ」

という言い方もできるのではないでしょうか。

言葉に毎日触れることで力が湧いてくるのです。

よい言葉に囲まれて生きていくことが、よい人生を作ることにつながります。

「天風会はいいのだが教えが難しくて」、という言葉をよく耳にします。

はっきり言って難しいです。やさしくわかりやすい部分も沢山あります。でも、突き詰めるほどに難しくなります。難解そのものです。

それはそうです。古今東西の名僧、識者、学者が立ち向かった、人間に関する種々の難問を「考えろ」と私たちにに突きつけてくるのですから、難しいのは当たり前です。難しいから、また面白いといえます。やりがいがあるのです。

難しいだけでなく、自己に対する厳しさも求められます。

理解するにつれ統一道を諦めたくなる、という人もおられますが、この厳しさも大きな理由の一つかもしれません。でも、厳しさが人を育てるのです。

みなさん天風を学んでください。天風の言葉をたくさん浴びてください。たくさん覚えてください。そうすることで、理屈抜きに天風哲学を理解し身につける大きな力になります。そして強い心を作ります。

この本では、天風の言葉を、なるべく天風の口調のまま収録し、解説します。天風哲学を学びたい、心を強くしたいという方にうってつけの一冊だと自負しています。
人生に迷っている人もいるでしょう。心を病んでいる人もいるかもしれません。それでも、もう少し強く生きたいなと思っている人、これからの人生を価値高く生きたいと思う人のお役に少しでもたてたら、嬉しく思います。

註　本書を記すにあたって、師である天風について、尊称をつけずに天風と呼ばせていただきました。同時に、敬語を用いずに書き下しております。不届きと思われる方もおられるかも知れませんが、お許しください。

目次

私は力だ

「私は力だ！」。この言葉ほど中村天風という人物を表している言葉はないでしょう。

「私は力だ、自分は強いのだと思え！」

天風の声が響きます。

この言葉を人々の心に植え付けるために、天風は生涯を捧げたといっても過言ではありません。この言葉を本当に信念化させるところに幸せがくるのだよと説きました。

「人間というものの力は、万物の霊長として生まれたんだから、一切の生きとし生けるものを凌いで優れたもんだ。他の生物から比べると人間の力は力の結晶ともいうべきものだ。こういう考え方を自己認証とするんだよ。どうだい、私はだめだとか、あたしは丈夫じゃないとか、どうも長生きはできそうにないとか、どうもいくら働いても儲からないところをみるとおれは腕がないんだとか、逆の考え方は捨てちまえというんですよ。それがなんになる。なんにもならないどころか余計、自分の人生を健康的に運命的に、ねー、こわしちまうだけじゃない」

人間は強いのです。生きる強い力をもっています。それを出し切らないで生きていると、人間なんて弱い生き物だ。犬や猫やライオンや豹のほうがはるかに強いんだ。と考えてしまいます。違います、人間も他の動物も自然治癒力をもっていますが、人間は他の動物にない、脳の働きでその力を強めることができるのです。よしやろう、そうだ明るい心になろう、こんなとき怒ってどうするんだ、と思うのが人間です。それは大脳が発達しているからです。

怒りを怒りのままにしておくのは動物です、しかし怒りのままにしておくと自律神経を通して身体の機能は低下します。怒りを自分の心で静めると自律神経を通して新しく自然治癒力が増してくるように作られているのです。それができるのは人間という生物《いきもの》だけです。ホモサピエンスだけに与えられた力です。この力で勝ち抜いてきたのです。だから人間は強いのだといえるのです。

強くなるには、自分の心を自分でコントロールする力をつける必要があります。克己心です。己の低級な欲、感情、本能だけに任せていたのでは人間本来の力は出てきません。力は、人間が人間らしく心をコントロールしたところに出てくるのです。

「私は力だ」と思いましょう。そうして自分のもつ力をぜんぶ出し切って、正々堂々とした人生を作っていきましょう。

力は元々、自分の身体の中にあるものです。広大な宇宙の力で作られたものです。いまさら外から受け入れるものではないのです。元からある力です。そう信じることが大切なのです。人間とは元々、強いのです。しかし、なにかあるのが人生です。そのなにかが起こり、心が折れそうになったとき、次の言葉を口ずさんでみてください。「力」が湧いてきますよ。

私は、力だ
力の結晶だ
何ものにも打克つ力の結晶だ。
だから何ものにも負けないのだ。
病にも、運命にも、
否《いな》、あらゆるすべてのものに打克つ力だ。
そうだ!!
強い強い力の結晶だ。

天風誦句集初版より

人生は勢いだ

「人生は勢いだ！　青年よ忘れるな！　勢いだ。どんなことがあっても勢いだぞ！盤根錯節《ばんこんさくせつ》（入り組んで解決困難な状況）の苦境に直面したら直面したときほど、ここだー！と勢いださなきゃいけないんだ。こういう場合にへこたれたり、がっかりするのは、よろしいか、凡人のすることだ。そんなことはもう君たちがする必要はない。いいか、凡人はもう、頼まなくたってしてくれるから。かりそめにも真理を知って生きるお互いは、どんな場合にもそういう時はより一層、溌剌颯爽《はつらつさっそう》として恬淡明朗《てんたんめいろう》（あっさりしていて、名誉、利益などに執着しないさま）な気持ちでもってそれを乗り越えてゆくんだ。突破してゆくんだ。なかんずく天風青年はそれを自分の魂としろ！」

青年たちを前に、天風はこのように叱咤激励しました。

そうです、人生は勢いです、少々なことはもちろん、大きな大きな困難にぶち当たっても、よおーっし！　と乗り越える気概が大事です。できるかな、大丈夫かな、などという心は微塵もいりません。できるぞ、の気持ちでぶち当たることが大切です。それでこそ何事も成就するのです。「人生は勢いだ」の心構えでやってみましょう。

がむしゃらにやれ！

「人生は勢いだ！」という言葉と同時に、**「なんでもがむしゃらにやれ！」**とも言いました。

この言葉は「我武者羅」と書かれることもありますがこれは当て字で、「我貪（むさぼる）」が転化したものだそうです。しかし天風は「がむしゃら」の「がむ」は「我無」だと言います。なんだかんだあれだこれだと計算するのではなく、我を忘れて勢いよく突き進むことだ、というのです。

突き進んでいくときには**「希望や目的なんか持つな」**と言います。

「え？　希望や目的をもたずにがむしゃらに突き進めだと？」

訝《いぶか》しく思う方もおられるでしょうが、これが天風です。

希望を胸に抱きながら働いてはいけない。なぜかというと、目的を定めると焦りがくる、まだかまだかという焦りが出る、これが悪いんだと言うのです。

「がむしゃらでいいからファイトだけでやれ。ベストを尽くせ！」と言うのです。

「？」と思う方もおられると思います。しかし、天風はこう喝破して青年を鼓舞しました。

ファイトだけでいい、ベストを尽くすのみ。それもがむしゃらに。

断じて行えば鬼神もこれを避く

「青年よ、よく聴け！　断じて行えば鬼神もこれを避く、だ。わかったか！」

愛する若者、青年に、天風はこう励ましました。

なにをするにも、俺にはできない、もうだめだ、まいったなどと口にするな！　と叱咤激励しました。「断じて」とはそうだ、やるんだ、できるんだと、強い信念を持ってものごとを行え、ということです。できるんだと思ってやると、邪魔しようとしている鬼神もその勢いにびっくりして、思わず後ずさりしてしまうということです。強い信念があれば鬼も手を出せず、さあさあお通りくださいと道を空けてくれるというものです。それどころか、お荷物持ちましょうと手伝ってくれさえするのです。

だから信念をもって「断じて行う」のです。他にも**「勇気は常に勝利をもたらし、恐怖は常に敗北をもたらす」**という言葉もよく使いました。

天は自ら助くるものを助く

これは天風哲学の真髄を語っている言葉です。

天風哲学にとって最も大切な言葉だといっても過言ではありません。

あっちが痛いこっちが痛い、もうだめだ、にっちもさっちもいかない。「助けてくれー」。どうにもならないほど切羽詰まると、人はつい「助けてくれー」と叫びます。叫びたくなります。長い人生の中では、そんなことも起こるでしょう。でも、誰に向かって「助けてくれ」と叫ぶのでしょう。神様仏様でしょうか。でも神様も仏様も助けてはくれません。そんなことはわかっているのですが、やっぱり叫ぶこともあります。自分の力だけではもうどうにもならない。自分ではない他の力にすがりつきたくなります。しかし、そういうときこそ他力ではなく自らの力、自力が大切になってきます。

そこで**「天は自ら助くるものを助く」**という言葉が出てきます。天は公平です。すがった者に力を与えて、すがらなかった者には力を与えないなどということは決してありません。最後の最後まで、端からみている人に、「よくそこまでやるな」と思われるくらい自分でやることが大切です。「助けてくれー」と言える力があるうちは、本当に力を出し切っていないのです。助けてくれと声も出なくなるほど、力を出し切ってみてはどうでしょう。

よい人生を送るのも、ああ俺の人生はなんだったのかと嘆く人生にしてしまうのも自分です。他人のせいにはできません。自分の人生はみんな自分で作るのです。他人が作るのではありません。自分の思考が作るのです。

天は全ての人を公平に見ています。そして真理に照らして力を公平に分配しています。天風は他力本願を強く戒めます。そして私たちに向かって力強く、**「天は自ら助くるものを助く、だー！　わかったかー！」**と叱咤激励しました。

拝むな、神は崇め尊ぶだけだ、それ以上要求するな

すごい言葉ですね。神は崇《あが》め尊ぶだけだと言うのです。**「拝むな！」**と言いきるのです。自然に手を合わせて敬虔な気持ちになることは構いませんが、手を合わせても拝んではいけないのです。

拝むということ、お願いするということが、そもそも他力本願だからです。心がマイナス思考だからです。

あれしてくださいこれしてくださいとお願いしてはいけないと言うのです。

神はお願いした人にだけご利益を与えてくれる、そんな安っぽいものではないのです。神は公平です。分け隔てしません。手を合わせる合わせない、お賽銭の多い少ないで判断しません。

さらに天風は続けます。

「人間に産んでくださったことだけで充分なんだ。それ以上は要求するな」

「拝むな、すがるな、すがるより飛び込んでいけ」

すがるなどというみっともないことはするな。自分を信じて、自分の力で生きていけということです。

「心だに　誠の道に　かないなば　祈らずとても　神や守らめ」

菅原道真の歌です。この歌も天風はよく引用しました。祈ったりお願いしたりすがったりしなくても、誠の道を行く人を神はちゃんと守ってくれるぞ、ということです。

ここでいう誠の道とは、宇宙の真理に即した道のことです。

困ったときだけ、ああしてください、こうしてください、助けてくださいとすがってもだめなのです。普段の心構え、生活の態度を神はちゃーんと見ています。

機会あるごとに天風はこの歌を紹介していました。

「誠の道を歩んでいるならば祈らなくとも神はちゃーんと知っているんだ。拝むなよ」と諭しています。

迷信などに惑わされるな

「信念がないから迷信にすがろうとするんだ」と天風は言います。

あっちの方角が悪い、こっちの方角が悪い、この日が悪いと右往左往している。名前がよくないと言われて、名前まで変える人もいます。名前を変える変えないで家族でケンカする人までいます。迷信を信じる人は案外多いものです。

星占い、パワースポットなど、迷信も現代的になってきました。「あそこの神社のお札がいい」なんていうことをテレビで言うと、山の上にまで行列ができます。

天風は言います**「お守りなどもつなよ」**と。

さすがに、黒猫が前を横切ったから今日は出かけるのをやめよう、という人は見かけなくなりましたが、結婚式や葬式で日取りを気にする人はまだまだいます。幾つものお守りをぶら下げてバッターボックスに立つ野球選手もいます。繁華街やデパートの片隅には必ず占い屋さんが店を構えています。科学の世の中で、験担ぎも迷信もまだまだ生きています。

自分の人生を、そう簡単に他人に託せるものでしょうか。

元気かー！

天風はことあるごとに壇上から**「元気かー」**と呼びかけました。

私たちは、すぐに「元気でーす」と応えたものでした。

元気、元々ある気です。私たちの身体に備わっている気です。元々あるものですから**「元気かー！」**と問われたらいつでも「元気でーす」と応えなければなりません。

少々頭が痛かろうが、ケツが痛かろうが、腹を下していようが目眩がしていようが、「元気でーす」と応えましょう。

それがどうでしょう。今や、頭が痛いときに元気なんか出るかよ、腹が具合悪いんだ、元気なんてとんでもないと弱音を吐く世の中です。

「安いちり紙にションベン、みたいにぐたっとなっちまいやがって」と天風は表現しました。

身体の具合悪いとき、心の具合悪いとき、そういうときにこそ、心を奮い立たせて「元気でーす」と応えるのです。そうすると不思議なもので、今までの「青菜に塩」のようにぐったりとなっていた身も心も元気になってくるのです。

気持ちです。心です。具合が悪いときに具合が悪いと応えるのは誰にできます。誰にでもできることをやっても面白くもなんともありません。

具合が悪いときこそ、拳を上に突き上げて「元気でーす」と声高らかに言ってみてください。自分で問いかけて自分で応えるのです。「元気ですかー」「元気でーす」。これで今日一日を送るのです。

晴れてよし　曇りてもよし　不二の山

天風が講演の中でもっとも多く引用した句です。

それほど大好きだったのです。**「人間はこの句のように生きるのが本当なんだよ」**、と説きました。天風の心身統一法の中心をなす考え方です。

元は「晴れてよし　曇りてもよし　不二の山　素の姿は変わらざりけり」という歌ですが、天風は「晴れてよし　曇りてもよし　不二の山」と使っていました。

元歌の作者は山岡鉄舟（一八三六〜八八）です。勝海舟、高橋泥舟《でいしゅう》とともに「幕末の三舟」といわれた人物です。剣、禅、書の達人であり一刀正伝無刀流の開祖です。天風はこの山岡鉄舟が大好きでした。講演の中でもしばしば鉄舟の名前が出てきました。私の知る限り、天風がいちばん好きな歴史上の人物は宮本武蔵、次が鉄舟です。

この歌はとくに、積極心の講演で必ず出てきました。

「積極、積極といっても肩肘はって頑張るのは本当の積極ではないぞ、それはそれでいいのだが、それは相対積極というのだ、本当の積極は『晴れてよし曇りてもよし不二の山』。平常心が本当の積極、絶対積極というのだ」

さあ頑張ろう！　はだめです。頑張るの「頑」はかたくなという意味です。頑なな気持ちでなく、のーんびりとした平常の心が大切なのです。

富士のような気持ちで毎日をすごそう、それが「晴れてよし　曇りてもよし　不二の山」です。富士山は多くの人が憧れます。ビルの谷間からチラッと見えても、ああ富士山が見えた、とその姿に感動します。雲に隠れていても、どっしりと変わらない富士山がそこにあるのです。あそこから富士山が見えるぞと言われると、どんなに遠くからであっても見たくなります。富士山とはそういう存在です。

ひるがえって、自分に当てはめて考えてみましょう。遠くから自分の姿を見つけて、あ、

○○さんだと駆け寄ってくる人がいるでしょうか。なかなかないと思います。もしかすると、いやな奴を見てしまったな。知らないふりしておこうと思われているかもしれません。

人格が富士山ほど高い人なんてなかなかいません。

車を運転していて、横道から大通りに出て行くときに、大通りにいる車の運転手さんが、即座に自分を見つけて「さあどうぞさあどうぞ」と道を空けてくれるでしょうか。本当に神々しい気高い人なら、後光がさしているなら、「さあどうぞどうぞ」となるでしょうが、現実はそうはいきません。

人は富士山にはなれません。だから、なお一層、富士山を目指して生きていこうというのです。

富士山をこよなく愛した天風は、言葉だけでなく、富士を描いた画をたくさん残しています。

剣聖の訓へによりて焚きし飯 禅味ゆたかに力涌き出づ

これは天風作の歌で、埼玉県小川町にある日本五大名飯の一つ、忠七めしというお茶漬けで有名な「二葉」という割烹旅館の中に残されているものです。剣聖とは山岡鉄舟のことです。小川町といえば和紙の故郷です。「忠七めし」というのは鉄舟が名づけたそうです。

一九二六年（昭和一五年）。国士頭山満翁が山岡鉄舟ゆかりの「忠七めし」を食べにきたとき、同行した天風が歌ったものです。天風が鉄舟をこよなく愛したことがよくわかります。私は一九七五年頃にこの旅館に行き、天風直筆の書を発見しました。嬉しかったですね。

「晴れてよし　曇りてもよし　不二の山」。天風はこの句を通して平常心の大切さを説きました。平常心こそが真の積極性なんだよ、ということです。なにがあっても、如何なる場面においても平常心であれば鬼に金棒です。なにもないときに平常心でいるのは当たり前です。なにかあったときにも平常心でいられるかどうかが問題なのです。そのために心を鍛えようというのです。

さあ本当の積極心を作りましょう。そして本当の積極心で生きましょう。

事あって事の人生だよ

「事あっての人生だよ」でもよいのですが、天風は**「事あって事の人生だよ」**と「事の」を

入れていますのでそのまま使います。（事あって「こそ」の人生、を転じて使っていたのかもしれません）

事あっての人生です。なにも起こらない日ばかり続いたらどうでしょう。いろんな事が起こるから楽しいのです。またいろんな事が起こるのが人生です。それも次から次へと容赦なく襲ってきます。

天風哲学をやったからといって、なにも起こらないなんて事はありません。そもそも統一道というのはなにも起こらないようにするのが目的ではありません。なにかが起こったとき、それに負けない強い心を作るのが目的なのです。嫌な事、辛い事、悲しい事、怒りたい事、様々な事が起こります。それが人生です。人生は決して平坦ではありません。平坦でないから楽しいのです。ハイキングに行って、平坦な舗装路だけ歩いてはつまらないでしょう。砂利道もあれば落ち葉の道もある、田圃の畦道もあります。のぼり坂もあるし、下り坂もあります。景色も変わっていきます。それが楽しいから人は歩くのです。

事あるから人生は楽しい。どんな事をも楽しみに、喜びに感謝に振り替えることができれば人生はもっともっと楽しくなります。事を沢山用意してくれているのに、それを嫌だな辛いな悲しいなとマイナス思考にしてしまうと生きていけません。事あっての人生だと腹を括ったとき、楽しい人生がやってくるのです。

天風は「**なにかあるのが人生だよ**」という言い方も随所で使いました。「**ぽかぽかと暖かい春の日ばかりではないよ。そんな日ばかりだったらつまらないだろう**」「**毎日同じ内容の新聞が届いたら嬉しいか？**」とも言っていました。なーんにも起こらないのではなく、なにか起こっても、それを力強く乗り切っていくところに人生の楽しさがあるのです。

たとえ身に病があっても心まで病ますまい

病《やまい》は肉体・身の問題です。病は辛いものです。辛いどころか身の危険さえ、命の危険さえ感じる重大事です。

確かに重大事ですが、だからといって心まで悩ませる必要はありません。必要がないどころか、心まで病ませたのでは、身のほうが懸命に治ろうとしているのに、その足を引っ張ることになります。それでは治るものも治りません。だから「**たとえ身に病があっても心まで病ますまい**」なのです。病になったとき、さあ大変だ大変だ、どうしようどうしようと慌てふためき、心を悩ませている状態を、心の病ととらえて「心まで病ますまい」と表現しているのです。

生きている限り、健康な状態だけでいられないこともあります。わずかな病でもすぐにあたふたと慌てふためき、おろおろする人がいます。これでは病どころか人生の荒波を乗り切れません。人生の坂は登れません。

だから、なにがあっても、なにが起ころうとも、心を悩まさない自分を作り上げるのです。身体になにがあっても心はそれに取り合わず、平然として悩まなければいいのです。心が悩むから辛いのです。悩むのは自分の心です。その自分の心を鍛えて、なにが起ころうとも平然と、泰然自若としていられるように自分を作りあげましょう。それが統一道の目的です。なにがあろうともです。なにが起ころうともです。**「何時如何なる時でも何時如何なる状況でも心を平安にしておけるようになろうではないか」**。それが天風のいちばんの願いでした。そのための天風哲学、心身統一法なのです。

なにもないときに心が穏やかなのは当たり前です。なにか起こったときにこそ、人は試されるのです。そこでこの**「たとえ身に病があっても心まで病ますまい。たとえ運命に非なるものがあっても心まで悩ますまい」**という言葉が重要になってくるのです。

これが本当にできれば、幸せな人生ですね。心が悩まないのですから。

幸せは心が感じるのです。なにがあっても幸せ幸せ、でいきましょう。

人生心一つのおきどころ

幸せは心の問題です。心が幸せと感じるか不幸せと感じるかです。誰が見ても不幸のどん底、お金はなく、貧乏この上ない状態の人でも、その人が空の雲を眺めて、「ああ幸せだな」と思っていたらその人は幸せです。

大金持ちのセレブが九八億円を前にして、ああ二億円足りない、どうしたらいいんだ、悔しい！　と頭かきむしって嘆いていたらその人は不幸です。

貧しい人が一〇万円を手にして、やったーやったー嬉しいな嬉しいなと小躍りしていたら、その人は幸せです。幸せそのものです。

天風がよく引用した歌に、

「おもしろき　こともなき世を　面白く　住みなすものは　心なりけり」

というものがあります。幕末の志士、高杉晋作の歌です。味のあるいい歌です。心が面白いと思う人にとって、この世は面白いのです。心が面白くないと思った人にとって、この世は面白くないのです。

霧雨が、小糠雨が降っている。葉っぱの先に水玉ができている。そんな風景を見て、「ああ、梅雨らしくていいな」と思えばこの世は面白く、幸せです。「いやだな、この雨は」と思えば、梅雨は嫌なものになります。心が暗くなる、面白くない。不幸です。

真夏の猛暑、暑い暑いと愚痴を言っても猛暑は去りません。「夏らしくていいなー、よし！　身体を鍛えてやろう」と思えば、猛暑も楽しくなります。

真冬の極寒、寒い寒いと愚痴をいっていると、冬は辛いものになります。冬に負けているからです。「いい寒さだ、冬らしくていいね」と思えば寒さも楽しくなります。

木枯らし吹く中、恋人を待っているとき、寒さを感じません。

古い歌ですが、吉永小百合さんも歌っています「心一つで暖かくなーる」と。人生心一つのおきどころです。思い方なのです。

天風はまた、こんな歌も紹介しています。

「わがものと　思えば軽し　傘の雪」

心一つのおきどころで、傘につもった雪を。重いくていやだなと思うから重く感ずる、自分がもつ傘の雪も自分の物だ、自分の肉体の一部だと思えば重く感じない、ということです。

「湯上がりの　気もちを欲しや　常日頃」

これも天風の好きな句です。

お風呂上がりは誰でもが気持がちよいものです。お風呂上がりのときだけでなく、心はいつでも湯上がりの気持ちでいたいものです。しかしなかなかそうはいきません。どうするか、

「ふり」をすればいいのです。

「武士は食わねど高楊枝」です。武士は腹が減っていても、今食べてきたところだよとばかりに楊子をくわえて平然とする。粋な姿です。粋でいるには「ふり」も大切です。辛くても、苦しくても「ふり」をしましょう。「ふり」をしていると、心はそれを本当だと認識します。そうすると身体には自然治癒力が湧きます。

天風は、**「しょせん人生は心一つのおきどころ」**と、生死について次のように話しています。

「心配しながら死ぬよりは、死から自分の心を遠ざけて生きているほうが、同じ死ぬにしても死ぬ刹那まで気楽ではないか」

さらに、死を怖れる人に対してこういう言い方で諭しています。**「厳密に言うと眠るのも死ぬるのもその状態はひとつものと同じもんだな。それなのに一方は楽しみ、一方は怖れる。煎じ詰めればそれはひとえに観念の問題じゃないかい。いわゆる心一つのおきどころってことだった」**

これが胸にストーンとおちればもう悟りの境地ですね。死ぬなんてことはなんにも恐ろしいことではないのです。**「人生、心一つのおきどころ」**、よい言葉です。

心をパッとはなしちまうんだよ

いやなこと、辛いこと、悲しいことなどなど、生きている以上、起こるのが当たり前です。しかし当たり前だからといって、辛く悲しい気持ちでいる自分は楽しいでしょうか。楽しくないでしょう。そういう感情は身体を痛めつけます。治る病も治らなくなります。罹らなくてもよい病に罹ってしまいます。身体の守り役である自然治癒力が衰えてしまいます。

そういうときには、辛い、悲しいという気持ちに取り組まないことです。心に思わないようにするのです。天風流に言うと「**心をパッとはなしちまう**」んです。

ではどうしたら心を悩み事、心配事から離すことができるのか。

一番簡単なのは、楽しいこと、思えば思うほど嬉しいことを考えるのです。人間は二つのことを同時にできません。

立ちながら座れません。前に行きながら後ろに行けません。心も同じです。楽しいことを考えながら悲しいことを考えられません、嬉しいことを考えながら辛いことを考えられません。

これをできないという人がいます。やろうとしないからできないのです。自分の心で自分がやるのです。自分がやることなのですから、できないはずはありません。

それでもまだ、できないといって諦める人がいます。そういう人がすぐに精神科、心療科にかかったりします。そして薬をたくさんもらって満足してしまうのです。その薬で心が治りますか？　治るはずがありません。薬で脳も心もやられるだけです。心を治す薬などあろうはずがない。そこに気づくことが大切なのです。

自分の大切な命です。他人に預けないことです。医者だって他人ですからね。

自分の命は自分で守る。ましてや心は尚更です。

さあやってみてください。一回限りの人生、楽しくいきましょうよ。

辛いとき悲しいとき、そういうときは**「私は力だ」**を思い出し、**「心をパッとはなしちまう」**んです。

人生は儘ならぬものと自覚せよ

人生を、必ずこうなる、なるはずだと大上段に構えていると、どうしてどうしてなかなか思うようにはなりません。それが人生です。

健康や運命、お金や地位や、その他諸々、思うようにならないどころか、思うようになることのほうが遙かに少ないのではないでしょうか。

思うようにならないことにいちいち嘆き悲しみ、人を恨み、人に八つ当たりして、怒ったり悲しんでいたりする人がいます。

「人生は儘《まま》ならぬものと正しく自覚する時、不自由や不満というものを少しも苦悶で感じなくなる」と天風は言います。

そうです、人生は儘ならないのです。

天風はこうも言います。

「この世は自己の思い通りにいかないのが当たり前なんだよ」

天風はまた、人間の欲望に対する心理現象を徹底的に批判しました。

儘ならない人生を、儘ならないと正しく自覚する必要があるのです。

為せば成る、成らぬはおのが成さぬ為なり

これは米沢藩主、上杉鷹山の有名な言葉です。この言葉を天風は好んで用いました。天風

が好むだけのことはある積極的な言葉です。

「為せば成る」のです。行動を起こせば成るのです、努力すれば成るのです。行動は起こさない、努力もしないで成功するわけがない。できないのは自分が為さない、努力しないからだというのです。まさにその通りです。ああなりたいこうなりたいと思っても、思っているだけでは成らないのです。成るには成るだけの行為、努力が必要なのです。

天風は、**「徹底的に、真剣に実行せよ、努力せよ」**と青年に呼びかけていました。それがこの言葉です。「為せば成る」。これはJ・F・ケネディも愛した言葉としても有名になりました。

天風の揮毫にはよく**「弗為胡成」**と書かれていました。為さざれば、何ぞ成らん、です。

生きていることになぜ感謝しない

天風が結核で血を喀き、高熱で苦しんでいるとき、ヨーガの師に「お前は世界一幸せ者だな」と言われました。それに対して天風は**「熱があって苦しいのになにが世界一の幸せ者だ。**

おれは世界一不幸せだよ」と、心から思ったそうです。そして声をかけられる度に、身体の不調ばかり訴えていました。

ある時、再びヨーガの師に「どうだ、今日は」と聞かれたので、同じように「**今日も苦しいです**」と答えたら、「お前は会うと、苦しいだ、熱があるだとのべつ幕なし泣き言を言っているが生きているじゃないか、生きていればこそ熱も出るし、咳も出るんだ、死んだら熱も出ないぞ。なぜ生きていることに感謝しないんだ」と言われました。

「**はあっと思ったよ。そうだ生きてるんだ、生きてることに感謝だ！　そう思ったら、少々熱が出ようが具合悪かろうが、もう泣きごと言わなくなった**」

そうなんです。「生きていればこそ」なんです、生きてること、生かされていることを忘れてしまうから泣きごとを言うのです。泣きごとを言えるのも生きているからです。痛いのも辛いのも、生きているからこそ、感じることができるのです。

歳をとるとおしっこが近くなります。夜中に目が覚めるのは辛いものです。しかし、おしっこに起きるのも、自分の身体がおしっこを作ってくれるからです。腎臓がしっかりしているからおしっこが作られるのです。生きているからです。死んだらおしっこは出ません。

生きているからこそ、辛さを感じることができるのです。

生きているんですから、なんとかなります。

命さえあれば、骨折しようが焼けどしようが、かすり傷のようなもの。まさに「生きていればこそ」です。

それにしてもヨーガの師の「なぜ生きていることに感謝しないんだ」という一言に対して、**「はあっと思ったよ。そうだ生きてるんだ、生きてることに感謝だ！」**と即座に気がついた天風はやっぱりすごいですね。

感謝だぞ

いついかなるときにも感謝です。いついかなるときにも、です。

いいときも悪いときもです。感謝というものは、お金が入ったから、物を貰ったから、他人がよくしてくれたからとか、自分に利益があるときにだけするものではないのです。

お金がないときも、お金を盗られたときも、税務署が来たときも、物を亡くしたときも、他人に意地悪されたときも、のけ者にされたときもです。

健康なときだけ感謝するのではなく、病のときも怪我したときも、熱があるときも下痢しているときも、ゲーゲー吐いているときも感謝です。

身体は熱を出して、下痢をして吐いて、そうして私たちの命を守ってくれているのです。辛いなんて言ったら罰当たりです。むしろ身体に感謝です。

元気だから自然治癒力が働いて熱が出るし、下痢をするのです。身体の弱っている人は熱を出す力がありません。熱が出ないまま病原菌が身体にはびこるから、無熱性肺炎になるのです。

下痢をしているのはおなかが壊れたからではありません。おなかが正常だから下痢をしてくれているのです。下痢をして水と共に病原菌を外に洗い流してくれているのです。熱も咳も鼻水も下痢も嘔吐も、みーんな命を守る道具です。

だから感謝感謝なのです。

膝が痛くても、腰が痛くても感謝です。

朝、目が覚めます。これにも感謝です。

「目が覚めて　今朝も嬉しや　今日もまた　この世の人と　あると思えば」

これは江戸時代の歌です。目が覚めるのが当たり前と思っていませんか？　大間違いです。昨日まで毎朝目が覚めていたのに、そして今日も目が覚めたかったのに、今朝、目が覚めなかった人は日本だけでも毎日数千人います。

当たり前のようにおしっこが出てもありがとうです。おしっこが出るのが当たり前でない人が日本だけで三三万人います。腎臓透析の患者さんです。なんにでも感謝感謝です。そういう心が病を撃退します。免疫力を上げるのです、自然治癒力が上がるのです。そうして強い身体を作るのです。明るい人生を作るのです。命があればあとはみーんなかすり傷。

天風は夜、布団に入るときに「**ありがとうございます。今晩、ゆっくり休ませていただきます**」と布団に感謝し、朝、目が醒めると布団に「**お世話になりました。ありがとうございます**」と感謝していました。温かい布団で寝る、寝かせていただく。これはすごいことです。

天風は満蒙の地で軍事探偵をしているとき、木の上で寝たり、地べたで寝たことが何度もあるそうです。それを思うと、布団に寝られる今がなんと幸せなんだろうと思い、ひとりでに感謝の言葉が出るそうです。私たちも真似をしましょう。お布団にありがとうです。

なんにでもありがとうありがとう、サンキュー、サンキュー、感謝、感謝また感謝で生きましょう。

歳を聞かれたら「一八と答えろ」

高齢者が年寄りじみているのを天風は嫌いました。

歳をとるのはしようがありません。人間も生物ですから必ず歳をとります。歳をとって高齢者の身体になります。皮膚も髪の毛も、身体中が老人のそれに変化します。これはどうしようもないことです。避けられません。歳には勝てないのです。

ただし、身体が歳をとっても心まで歳をとる必要はありません。

歳を必要以上に意識する人がいます。私が「お歳はお幾つですか?」と聞くと「もうダメです」と答える方が結構たくさんおられます。「もうダメ」という歳はありません。もうダメですなどと答えるのは マイナス思考の典型です。

お歳はおいくつですかと聞かれたら、それがたとえ八〇であっても「**一八! と答えろ**」と天風は言います。「いいえ、そうではなくて戸籍上のお歳をお聞かせください」と聞かれたとき、天風は「**役場に行って聞いてこい**」と言っていましたが、今の時代は役場に行っても教えてくれませんので「個人情報保護法につきお答えできません」とでも答えておきましょう。

歳を必要以上に気にするな、ということです。天風はいつも「**身体は歳をとっていても心**

はいつも青年でいろ」と言っていました。

歳をとっても心は若々しく、今日よりも明日、明日よりも明後日というふうに自分をいつも前向きに、新しく進化させていくのだという気概が大切なのです。

若いときなら言われなくても気概をもっているものですが、少し歳をとると「もうダメ」がはじまります。いつまでも情熱を失わず、常に前進前進です。

天風は八〇歳になってロシア語の勉強にとりかかりました。ある会員が「え、そのお歳で！」と言うと、天風はすかさず**「ばかやろう、勉強するのに歳は関係ないだろう。心理学を学ぶにはロシア語が必要なんだ」**と答えました。

六〇だろうと、七〇だろうと、手習いはやろうと思うときにやるものです。

「六〇の手習い」という言葉は、人生五〇年といわれたはるか昔にできた言葉です。人生八〇年九〇年が当たり前の今日、「六〇の手習い」などという時代遅れの言葉は使うのをやめましょう。

歳を必要以上に気にして自分を老け込ませていませんか。

現代の医学は、脳細胞は幾つになっても衰えないと教えています。

一〇〇歳でも記憶は衰えない、これが科学です。

「もう歳ですからなかなか覚えられません」という方がおられます。そうでしょうか。現代の脳科学はそんなことはないと明確に否定しています。

脳神経は老化しない、何歳になっても記憶は衰えない、これが科学です。

覚えられないのは復習がないからです。何度も何度も復習した学生時代を思い出してください。中間試験、期末試験ならたとえ一夜漬けであっても懸命に繰り返し覚えたでしょう。

若い頃でさえ何回も繰り返し復習したのに、社会に出て高齢になって、一回聴いただけ、一回読んだだけで、覚えられるはずがないでしょう。

「覚えられなくて……」などと泣き言を言わず、中間試験、期末試験を受けるつもりで、覚えたいことを何回でも、繰り返し復習しましょう。

復習を繰り返せば、なんだって覚えることができます。あなたの脳はまだまだ若い！　自信をもって、前進あるのみです。

蒔いた種のとおりに花が咲く

天風は言います。

「人生を支配する法則というのは、英語でいうと compensation の法則。宗教的にいうと因果律の法則、もっとわかりやすい言葉でいうと、人生を支配する法則とは、蒔いた種のとおりに花が咲くということ。人生を楽しく生きているのも苦しく生きているのも自分の蒔いた種に花が咲いた結果なのです。健康であるのも不健康であるのも、つまり生きている人生を地獄にするのも極楽にするのもこの法則が厳しく働くからです。蒔く種は心にあるんです。心でいい種を蒔けば極楽が来るが、心で汚い種を蒔けば地獄が来る。これが峻厳犯すべからざるcompensationの法則、だから心こそあらゆる悲劇とあらゆる喜劇を生み出す秘密の手箱だ、というぐらいに極度に心を考えたら、怒ることがあれば怒るのは当たり前だ、悶えることがあれば悶えることは当たり前だというふうにはならないことがわかってきませんか。私たちは命がけで怒らなければならないこと、泣かなくてはならないこと、悶えなくてはならないことはこの世にあるべきはずがないのです。心鎮まって後、考えてみると怒ることでもなく、怖れることでもなく、悲しむことでもなかったことが多くなかったでしょうか」


今の自分の境遇は誰が作ったのでもありません。自分が作ったのです。

自分が種を撒いたのです。他人のせいにしてはいけません。自分が自分を作ったのです。

自分は自分にしか作れません。さあよい種を撒きましょう。

起きているのが人生だよ、金魚だって寝るんだ

「金魚だって寝るんだ」。面白い言葉です。

金魚だって眠るのです。ところが、眠れないから睡眠薬をくださいという患者さんがたくさんおられます。そういう人に対して、私は天風の言葉を借りて**「起きているのが人生でしょう」**と言います。起きている時間が人生です。眠っている間は死んでいるのと同じです。この短い命、最高に生きたってたかだか一〇〇年、もしかすると明日死ぬかもしれないのです。起きている時間が少しでも長いほうがいいではないですか。とくに高齢の患者さんが、「お薬ください、眠れないのです、夜中ちょくちょく目が覚めて辛いんです」と来院します。私はそういう人に、ちょっと冗談交じりにこう言います。「もう人生の最後に来ているんですよ。残り少ないんですよ。そのうちゆっくり、目が覚めないほど寝かせてくれるのですから、起きていましょうよ」。

睡眠薬という化学薬品で一時的に脳を麻痺させて眠ることができても、それは本当の眠りではありません。脳は本当に眠りが必要なら眠らせてくれます。まだ眠る必要がないから眠くならないのです。どうぞ起きて人生を楽しんでください。本を読んでもいい。落語を聴くのも音楽を聴くのも、深夜放送を楽しむのもいいですよ。世の中にはまだまだ知らないこと

がいっぱいあります。眠らなければ健康に悪いなどということはありません。眠らなくたって大丈夫です。そのうち必ず眠れます。

結局は死ぬんだよ

人間も生物も結局は死にます。死ぬ運命を背負ってこの世に生きています。おぎゃーと産まれた瞬間から死に向かって歩き出しています。

自分も死ぬんだ、ということをはっきりと自覚しないところに、色々問題が起こります。自分だけは死なないようなつもりで生きていませんか。

いくら若さを自慢していても、そのうち必ず歳をとります。もしかすると歳をとらずに若くして死ぬかもしれません。歳をとりたいのにとれない。若くて死ぬ人は世の中にたくさんいます。仮に、運よく、若くして死ななくても、結局は死ぬんです。

生物は死ぬ、ということを、プラス思考できちんと信念化させることが必要です。死んだらどうしよう死んだらどうしょうと悶々としているのはマイナス思考です。プラス思考で、人間は死ぬのだと心に信念化させましょう。

死ぬ運命だとわかったら、もうなにもジタバタする必要がなくなるでしょう。いつまでも死なないと思ったら大間違いです。

「結局は死ぬんだよ」と、天風は次の歌を引用して諭しました。

「散る桜　残る桜も　散る桜」（良寛）

「明日有りと　思う心の　仇桜　夜半に嵐の　吹かぬものかは」（親鸞）

「昨日まで　人のことかと思いきや　今日は俺のことかよ　こいつぁたまらん」「元日や　冥土の旅の一里塚　めでたくもあり　めでたくもなし」（一休禅師）

講演の中で天風はこう言います。**「み－んな死ぬんだよ」**。これを聴いて満場は大笑いです。しかし畳みかけるように**「笑っているけどみ－んな死ぬんだよ」**と続けました。

そうです、み－んな死にます。まわりを見渡しても、つい死に損なってもがいている江戸時代の人はいません。鎌倉時代の人もいません。

死というものを厳格にきちんと信念化させていないから、ことあるとジタバタ騒ぐのです。高齢になるととくに、脚が痛い、腹が具合悪い、皮膚が痒い、ふらつく、力がなくなった、だるい、目がしょぼしょぼする、頭が痛いなどわずかなことにびくついて、さあ医者だ薬だと騒ぎます。自分の歳を理解していないからです。

そうしてあっちの医者、こっちの医者と、医者巡りをしています。どんなに医者巡りをしても、歳の変化は元に戻らないのです。歳には勝てないのです。もうすぐ命の火が消えるということが理解できていないのです。

「いつ死んでもいいんだ」と言いながら、実は死を必要以上に怖がっていることもあります。だから、やれ病院だ検査だ薬だと騒ぐのです。

高齢者だけではありません。若い人も同じです。鼻水だ、熱だ、下痢した吐いたなどと、わずかなことでビクビクして病院に駆け込んだりします。

生きているとはなにか、死とはなにか、若いときからじっくり考えてみましょう。

人生は only one page なんだよ

結局は死ぬんだよという言葉に続けて、天風はこう言います。

「only one page なんだよ。生まれかわらないんだよ」

たったの一頁の人生です。二頁も三頁もないのです。生まれかわってもう一度、などということはないのです。この一回限りの人生を、価値高く尊く生きなさいと説きました。

生まれかわれるものなら生まれかわりたい、という言葉を耳にすることがあります。でも生まれかわることはできないのです。だからこそ、ああ生きていてよかったな、いい人生だったなと心から感謝して死ねるようにしましょう。かりそめにも不幸を多くしてはいけないのです。

「only one page なんだから、長生きしなきゃだめですよ。でも長生きするには、するだけの方法をしなきゃね。ぽーっとしていたんじゃだめだぞ」

そう言って、天風は見事九五歳まで生きました。

北里柴三郎という、時の世界的名医が、進行した肺結核を診て、もうだめだ、半年ももたないかもしれないと天風の母親に告げたのですが、それも乗り越えました。たいしたものです。

死ぬも生きるもあっちまかせ

この言葉は死を怖がっていることにたいしての戒めです。

死ぬのも、産まれてくるのも、生きるのも、自分の意志ではどうにもなりません。どうにもならないのに、どうにかしようと右往左往している人たちがいます。

天風は言います。

「死ぬ時は死ぬ、死なない時は死なない」

この言葉をしっかり胸に刻むべきです。死にたい死にたいと思っても心臓が止まることはありません、呼吸が止まることもありません。生きたい生きたいと思っても限界まできている心臓はそれ以上動くことはできません。肺も腎臓も消化器も脳も、限界までくるとそれを蘇らせることはできないのです。命は自分の意志とは違う大きな力が支配しています。医学がどれだけ進歩しても無理です。もっとも、医学という科学はほとんど進歩してない科学です。スマートフォンや宇宙科学、その他様々な分野からみると、医学はほとんど進歩していない、進歩の遅い分野なのです。

意外でしょうが、進歩しているのは医学のほんの一部の分野です。多くの分野は私が医学部を卒業した五〇年前となんら変わりがありません。

風邪の治療一つとってみても、なんの進歩もありません。症状だけを抑える対症療法しかありません。危険な毒を飲んでいるような対症療法なのに、それを風邪薬と呼んでいるのです。昔からあるポピュラーな疾患、麻疹《はしか》も風疹も水疱瘡も、これを治せる薬は出現していません。なのに病医院に行きます。行ったってしょうがない。それどころか、行くほうがよくないということがわかっていないのです。

じたばたしないで、**「死ぬも生きるもあっち任せ」**です。そうすると気が楽になります。

治るものは治る。治らないものは治らない

天風は言いました。

「治るものは治る、治らないものは治らない」

若い頃、医師である私にはこの言葉の意味がわかりませんでした。「そんなことはないだろう。死にそうな人を医学が見事に助けることだってしばしばあるのに、なんてこと言うのだ」と思っていました。

しかし、人生経験、医学経験を積んで、六〇歳を過ぎた頃から、なーるほどなるほど、そうだそうだと、心の底にすとんと落ちるようになりました。

そうなんです。医療が治しているように見えても、医療が治しているわけではないのです。身体の中の力、自然治癒力が治しているのです。

死ぬときはなにをやっても死にます。死なないときは、なにもしなくても、回復します。医学が手を貸したように見えても、そう見えるだけで、本当は医学ではなく、その人の生命力が治したのです。前項でも述べましたが、医学はそれほど進歩していません。世間では医学が他の分野と同じように、いやそれ以上に素晴らしく進歩しているように思われるかもしれませんが、どうしてどうして、他の科学からすると、とても進歩の遅い分野です。遅いな

んてものではありません。ほとんど進歩していないというほうが正しいと言っても言いすぎではないほどです。白髪一本黒くする、麻疹一つ治す薬もないのです。風邪一つ治せる薬もないのです。

そういうことがわかってくると、**「死ぬときは死ぬ、死なない時は死なない」**という天風の言葉が理解できるようになりました。

「治るものは治る、治らないものは治らない」。これも本当にそうです。治るものは治るのです、治らないものはなにをしたって治らないのです。ここがわからないからジタバタするのです。

そういうわけですから、あるところで「覚悟」をすることも大切です。ところが、これがなかなかできません。

「私はいつ死んでもいい、ちっとも怖くない」と言いながら、ちょっと胸がどきどきする、ちょっと頭がくらくらするというだけで大騒ぎして医療機関に駆け込む、救急車を呼ぶ人がいます。そして「なんでもありませんよ」と言われ、帰ってきます。結局、死ぬのが怖いし、死にたくないのです。

いつ死んでもいいと心から思っているなら、ちょっとしたことでは医療機関に行かないことです。ましてや救急車なんて呼ばないことです。とても乱暴な言い方ですが、ある程度の年齢に達したなら、なにがあっても救急車には乗らないと決めておく覚悟も大切です。君子医者に近寄らず、です。助かる者は助かるが、助からない者はなにをやっても助からないのです。

救急車に乗って一時的に助かったとしても、それで少々長生きしたとしても、その後の人生が長生きしてよかったといえるかどうか。

長生きするのは大変な苦痛を伴うということもお忘れなく。

死に時も大切です。そのための覚悟を、常に心しておくことも必要なのです。

万法流転

どんなものでも、みーんな変わるんです。変化するのです。

これが「万法流転」です。一時として同じところにいません。一時として同じ姿ではいません。

今日、不幸であっても、その不幸が一生続くわけではありません。明日不幸であっても明後日幸福になるかもしれません。

今日、運が悪くても明日は運がいいかもしれません。

宇宙だって同じです。いつでも同じ位置に同じ星があるとは限りません。

北極星だって次々とかわっています。今は「こぐま座のアルファ星という二等星」が北極星と呼ばれていますが、五〇〇〇年前、ピラミッドの時代は「りゅう座のアルファ星のツバンという三等星」が北極星でした。地球の自転軸が変化するからです。一二〇〇〇年後はおりひめ星で有名な「こと座の一等星ベガ」が北極星として北の空に輝くとされています。

地球の地磁気も頻繁に逆転しています。八〇万年前は北と南が入れ替わっていました。この先数万年はかわらないかもしれませんが、永久にかわらないことは決してありません。宇宙の星々だって一日として同じではありません。毎日星が生まれ星が消滅しています。よいも悪いも、みんな変化するのです。

生物も歳をとり、どんどんその様相を変えています。

今、生きていてもすぐにいなくなります。人間も同じです。

おぎゃーと生まれたら、すぐに老化がはじまりいずれ必ず死ぬのです。

大樹も永遠に大樹のままではいられません。そのうち必ず朽ちてなくなります。

「物事はなんでも、全て変化するのだ、万法は流転するのだ」ということをしっかりと心にきざみましょう。

勝てば恨まれるだけ

「ありのままに　我れある世とし　生き行かば　悔ひも怖れも　なにものもなし」

これは、一九二五（大正一四）年頃の天風作の歌です。昭和皇后が好まれた歌だと天風は述べています。

ありのままとは、本心良心、人間本来の面目に則するということです。

大宇宙の中で生まれた、そのままの人生に生きていくとき、そこに悔いも怖れも、いささかも心を動かすものがないというのです。

「人間はほんの一瞬しか生きていない。そして宇宙から見たらほんの狭い範囲でしか生きていない。それを争ったらどうだろう、もったいないの一語だ。勝てば恨まれるだけ、勝ったってたかだか数十年の命、仲良く争わずにいこうよ」と天風は言いました。

あるがままに生きないから悔いが産まれるし、怖れが産まれるのです。

「勝てば恨まれるだけ、勝ったってたかだか数十年の命、仲よく争わずにいこうよ」

私はこの言葉が好きですね。恨みはもたない、復讐心ももたない、そういう心で生きるのがいちばんいいようです。

どっちにしても人間のこの世にある時間は夢一瞬

講演の中で天風は次のように言っています。

「なるほど二〇や三〇歳の人が六〇、七〇と考えると末永いように感じるけれども、六〇、七〇になってごらん、あ、もうこんなに早くたっちゃった。夢一瞬なのよ。その短い一生は、できうる限り生き甲斐のある強さで生かさなけゃいけないだろう。なにをおいても心の持ち方をしっかりと積極的にプラス思考にして、生きなければだめだよ」

そうなんです、夢一瞬なのです。いくら寿命が延びたといっても、人間は屋久島の杉のように五〇〇〇年も七〇〇〇年も生きられないんです。それどころか、長生きしたところでせいぜい一〇〇年です。

さあ、心して一日一日を大切に、一日一日を生き甲斐のある日にしましょう。くよくよ悩んでいる時間はないんですよ。

「どっちにしても人間のこの世にある時間は夢一瞬の短さなんだよ」

ほんとにほんとうに、そうですね。

Fancy may kill or cure.

「人生を支配する法則とは」という講演の中で天風が必ず使う言葉です。

「人間の心というものには一方において人間の運命や健康、その他、人生の一切をよりよく建設する力があると同時にまた、全然これと反対に人生をより悪く破壊する力もあるという、心のもつ積極と消極の両方面の消息を学んだはずだ。英国にはこういう言葉がある。『Fancy may kill or cure.』心の中に生ずる観念は人間を殺しもするし生かしもするということだね。これくらいの言葉は学生なら、そらで覚えておけ！」

天風の講演では英語がたくさん出てきました。**「学生諸君はわかるね」**、と言われましたが、わからないことのほうが多かったものです。それでも「Fancy may kill or cure.」これは短いのですぐ覚えました。今、辞書を見ると、この言葉は「病は気から」と訳されていますが、天風は**「心が人生を作る」**というもっと広い意味で使いました。

嫌だ、疲れた、ちきしょう、ダメだ、助けてくれなどと消極的な言葉を口に出すと、そういう惨めな人生になる。よーし大丈夫だ、なんだこれしきのこと、心配ない心配ない、笑って前に進もう、と言っていれば、素晴らしい人生が待っているよ、ということですね。「Fancy may kill or cure.」という言葉、笑う門には福来たる、という意味にもなりますね。

自分の布団は自分でたため

　これはようするに、自分のことは自分でしなさい、ということです。自分が寝た布団なら自分でたたみなさい。他人の手を煩わせるなということです。今はベッドの時代だから布団なんてひかないよ、と言われるかもしれません。日常的には布団の上げ下ろし、布団を敷くという行為は少なくなりました。

　しかし、温泉旅館にでも行ったときはどうでしょう。ベッドばかりではないはずです。タタミの上に布団。そういうときにこの**「自分の布団は自分でたため」**を思い出します。

　旅館にでも泊まることがあれば、実行するにはいい機会です。先述したように、天風は毎夜毎朝、自分で布団を敷いてたたんでいました。旅先の旅館でもたたんでいました。おそばの者が、「そんなことは宿の人にやってもらえばよろしいではありませんか」と言うと、**「いや自分の寝た布団くらい自分でたたむものだよ」**と答え、朝には**「一晩気持ちよく休ませてくれて有り難う」**と言いながらたたんでいたそうです。

　だから、私も旅館に泊まると朝、必ず布団をたたみます。もしかすると宿の人にとっては迷惑な行為かもしれませんが、たたまないではいられません。妻に「そんなことやらないほうがいい」と言われてもやります。天風の弟子ですから。

これは布団だけのことではありません。自分のことはできる限り自分でする、これが大切なのです。これが自立心を育てるのです、感謝の心を育てるのです。

「おい、お茶！」ではなく「おーいお茶が入ったよー」と他人の分まで淹れてあげるところに、その人の優しさがにじみ出るのです。

寝るほど楽はなかりけり 浮き世のバカは起きて働く

これは私が天風に巡り合って最初に覚えた諺です。

七・五・七・七ですから歌ではありませんが、とても響きのよい語呂です。

今でも、床に就き手足を伸ばすと、ひとりでに口から出てきます。

「寝るほど楽は　なかりけり　浮き世のバカは　起きて働く」

寝るほど楽はありません。本当にそうですね。

これは、「観念要素の更改法」という、夜のねがけに行うプラス思考養成法の中で使われた諺です。解説など必要のないほどわかりやすい言葉です。

「寝るときは寝るんだ、寝るときにくだくだといろいろなことを考えるな、過去のことを考

えて悔やんだってしようがないじゃないか。まだ来ない先のことを考えてどうしようかと悩むのはばかだよ」。天風は明快に言い切ります。

辛亥革命のさなか、天風が上海で孫文を助ける活動をしていたときのことです。部下に**「さあみんな早く寝ろ」**と促しました。すると部下の一人が「早く寝ろと言われても、怪しいのがずーっと我々をつけてきているではありませんか。夜中に襲ってくるかもしれません。怖くて寝られません」と不安そうに言います。天風は**「夜中に襲われるのが怖くてこの仕事ができるかよ。早く寝ろ早く寝ろ」**と答えました。そう言うと、自らぐっすり眠ったそうです。

明治三七年三月、天風がロシア兵に捕まり、明日処刑されるという前の晩にも、**「本当にぐっすり、ゆっくり寝てやったよ」**と話していました。

まさに剛毅剛胆ですね。そうです、寝るときは寝る、です。

良い事は嘘でもいいから真似をしろ。

「悪い事はすぐに真似するのに、良い事はなかなか真似しねーな」と天風は言います。

よいことを、うわべでなく心の底から自然体でできる人も中にはいます。世の中には本当に偉い人がいます。頭が下がります。でもなかなかそうはいかないのが凡人です、普通の人です。

凡人は、よいことと悪いことの区別はしっかりと知っています。でも、よいことをしようとしてもすぐ手が出ないのです。

そこで真似です。よいことをする人の真似をするのです。日常的にも、やって気持ちのよいことは山ほどあります。朝、目が覚めたら、目が覚めたことにまず感謝する。家族の顔を見たら「おはよう」とニコニコと笑顔で挨拶します。トイレにいっておしっこをしたら、おしっこが出たことに感謝します。

朝ご飯も、いただきます、ごちそうさまと手を合わせ感謝します。駅やバス停に行くとき、道路にゴミを見つけたらすぐに拾いましょう。バスの中で席を必要とする人を見つけたら率先して席を譲ります。バスから降りるときは「ありがとう」と運転手さんに挨拶です。

こうして一日を生活していくと、できることは数限りなくあります。「最近いいことしてないなー」と思う人は、まずよいことをしている人を真似てみましょう。真似もそのうち真実になってきます。それまで真似て真似て、真似しつづけましょう。

天風は言います。

「模倣も、其の極度に達入すれば、真実に一体化す。されば善言善行は、須く大いに心されたいと敢えて極言する」

面倒くさいなどと言うな

「めんどくさいな〜」と言わない人はほとんどいないのではないでしょうか。

私も時々、いや時々どころかしょっちゅうといったほうが正しいほど口にしてしまいます。口に出し心に思い、ハッと我に返り、そして天風の**「面倒くさいなどと言うな！」**という言葉を思いだし、これはいけないとすぐに心を切り替えます。面倒？　なにが一体面倒なのでしょう。面倒とは、心の底にそれをしたくない、その勉強や仕事に価値を見つけられないときに起こる、不平不満の感情です。

「面倒などということは真人には決してない言葉だ」と天風は言います。

なぜ真人にはないのか。真人はすべてが感謝だからでしょう。

感謝のないところに「面倒」という言葉が生まれます。

面倒などと口にすること自体が恥ずかしい行為です。面倒などという言葉は我が辞書にはない！　くらいの気概で生きていきたいものです。億劫（おっくう）も同じです。なにかというと「おっくうだなー」を口にしていませんか。面倒、億劫は　マイナス思考の典型です。プラス思考からは決して出てこない言葉です。億劫、面倒を口にしていると、そのうちマイナス思考がじわじわと心に忍び寄り、あれよあれよという間にあの世に呼ばれてしまいますよ。

蠅でも蚊でも殺しなさんな

昔はどこの家庭でもハエがぶんぶんと飛んでいました。食卓の上にも飛んできて食べ物の上によくとまったものです。私もその度に手ではらっていましたが、天風は「**お前らだって自分がご飯を食べているとき、払いのけられたり、ぴしゃりと殺されたらいやだろう。蠅だって同じだよ。はらうからあっちでぶんぶんこっちでぶんぶんと飛び回るんだ。そこで静かに食事しているんだからそのままにしておいてやれよ。そうすりゃおとなしくしているんだから**」と言いました。続けて、**「蚊だって同じだよ。腕に止まって、自分に必要な血を少し貰ったらもうそれ以上欲しがらないんだからそのままにしておいてやれよ」**と、蚊一匹でさえ殺すことを戒めました。

ハエだって蚊だってアリ一匹だって殺してはいけません。みんな同じ生き物だからです。命をもって生きている、私たちと同じ仲間なんです。

だから私は、今日も我が腕で美味しく食事をしている蚊はそっとしておきます。庭を歩くのも、アリさんを踏まないように下を見ながらゆっくり歩きます。家の中に入ってくる蛾でも蜘蛛でもそっとつまんで外に出します。

虫除けスプレー、殺虫剤？

とんでもない。恥ずかしいですね。天風に叱られます。

もっと笑いなさいよ

天風は言います。**「なんとしてももう少し笑う人間になれよ」**。

笑うと、生命に甦りのバイブレーションが与えられるます。

笑うと気持ち悪くなるんだ、という人はあまりいないでしょう。笑うと、自律神経を通して身体中に元気が湧いてくるからです。

あなたは笑っていますか？

あなたの周りに笑いが渦巻いていますか？

他人からよく笑うねと言われますか？

「しかめっ面してないで笑いなさい」

天風は笑うことをとても大切にしていました。

「人間は万物の霊長として重い大きな負担を負っている。笑いはその疲れた心や身体をほどよく調和させるように人間に与えられているものである」とも述べています。

楽しいから笑う、笑うから楽しくなる。笑えば心も身体も一番いい状態にセットされる。だから食事の前にも笑う、おかしくなくても笑う。とにかく笑うことを推奨していました。

朝、目が覚めたらニコッと笑って起きる、おしっこをしながら笑う、洗面所では鏡を見ながら、あはは、いひひひ、うふふ、えへへへ、おほほほと笑う。空の雲を見たら笑う、足下に花が咲いていたらまた笑う、電車のつり革に掴まって前の人の顔を見て心の中で笑う。夜、お風呂に入ったら一日の無事を感謝して笑う、床についたらまた笑う。一日中笑いましょう。

笑いが病の予防にも治療にもよいことは科学的にも証明されています。

健康を考えるなら笑いが一番です。

人生を考えるにも笑いが一番です。

笑う門には福来たるのです。

大きな声で笑ってもよし、うふふと声を偲ばせて笑ってもよし。

「くすり」と笑うだけで薬になります。命の薬です。

笑顔になんなさい

笑いだけではなく、天風は笑顔の大切さも説きました。

笑顔、いい言葉です。字を見るだけで頬がゆるんできます。

笑顔が家庭に職場に溢れたら、こんなによいことはありません。

天風は「**おいというのも笑い顔。はいというのも笑い顔**」と言いました。

家庭を明るくするのも暗くするのも心一つです。

「職場で面白くないことがあったりすると、会社では米つきバッタのようにへいつくばっていた亭主が、玄関に入るなり『おいメシ』と苦虫をつぶした顔で偉そうに奥さんを怒鳴りつけたりしている、これじゃ家庭は暗くなっちまいますよ。外でなにがあっても、家に帰って

きたら笑顔で『ただいま。なにか変わったことなかった？』くらいなぜ言えないのだ」と、講演会場の旦那衆に向かって説教していました。

「里の秋」という童謡があります。静かな静かな里の秋、ではじまる歌です。

その二番の歌詞に「ああ父さんのあの笑顔　栗の実食べては思い出す♪」というのがあります。お父さんの、あの笑顔だから思い出して懐かしむのです。

お父さんの笑顔がどんなに子どもの心を癒したことでしょう。

これがいつも怒り顔で、苦虫をかみつぶしたようなお父さんだったらどうでしょう。思い出すだけでうんざりしますね。

だから、笑顔です。仏教でいう「和顔施《わげんせ》」です。お金や物品でお布施をしなくとも笑顔だけで立派にお布施になるというのです。自分は笑顔が下手だ、笑顔なんて照れくさいなと思う人は、ちょっと心を入れ替えて、笑顔を作ってみてください。そうしているうちに、いつでも笑顔ができる人になります。

いつも笑顔だね、と言われる人に悪い人はいません。

笑顔の似合う、いつでも笑顔の人になりましょう。

明るく朗らかに

明るい心、朗らかな心がよい人生を作ります。よい肉体も作ります。

人間という生物はそういう動物なのです。

人間に一番近いとされるチンパンジーでも、「こんなときこんなことを考えたら身体に悪いな」、とか、「餌はなくても雨風に吹かれてもいつでも明るく朗らかに生きていこう」などとは考えません。チンパンジーに聞いたことはありませんが、たぶん、考えません。

人間という生物は考えられるのです。大脳が発達したおかげで、考えられるのです。だから万物の霊長なのです。

せっかくそういう大脳をいただいたのですから、上手に使いましょう。

上手に使って、なにがあっても明るく朗らかに生きましょう。

なにがあっても、です。それができるのが人間です。

できないというのは言い訳です。

明るく朗らかな人生、いいですね。

暗く鬱々とした人生がいいですか。

どうせ生きているなら明るく朗らかに楽しい人生にしましょう。

さあ今日も一日、明るく朗らかにいきましょう。

怒るな

「怒るな」と天風は言いました

「怒り」ほど自分の心を暗くし、他人の心も暗くする感情はありません。

宮沢賢治も「雨ニモ負ケズ」に書いています。

雨ニモ負ケズ風ニモ負ケズ、雪ニモ夏ノ暑サニモマケヌ丈夫ナ身体ヲモチ、「決シテ瞋《イカ》ラズ」と。これは現代語的には「怒らず」でしょう。

怒るのは自分が我が儘だからです。

自分の感情を自分でコントロールできないからです。

親が、教師が、上司が、感情のままに怒っています。叱っているのではないのです。怒っているのです。とても親の資格はありません。教師の資格も上司の資格もありません。

怒る自分をよーく見つめてみましょう。

怒っているとき、気持ちいいですか。怒った後は爽やかですか。

怒りは人間がまだ野生動物だった頃の本能です。命を守るために必要な本能でしたが、現代に生きる私たちには不要な心です。

天風はこれを**「不要残留心」**と名づけました。

野生動物として生きていない現代のホモサピエンスにはいらない、不要な心だというのです。**「怒りという感情はなくても充分に生きていけるぞ、それ以上に、怒りという感情を持たないほうが幸せに元気で長生きできるんだ」**と言い切っています。天風はさらに、**「政治には怒れ、それ以外は怒るな」**と、私たちを戒めました。

怖れるな

猛獣毒蛇数百匹にいきなり襲われたら、それは怖ろしいでしょう。

しかしそんなことはまず起こりません。**「世の中、怖ろしいことなぞ一つもないはずだ」**と天風は喝破しています。**「本当に怖ろしいのは真理だけだ、それ以外怖ろしいものはないし怖ろしがってはいけない」**と教えます。

蜘蛛を見て恐ろしがる、アリさん一匹見て驚く、ゴキブリを見たら腰を抜かす。その他人生諸事、色々起こりますが、命を取られるわけではないのです。怖がることはやめましょう。

天風はまた、「身を思う　心ぞ心　苦しめん　身を思わねば　命やすけり」という歌を紹介して、**「恐怖の大部分は身を思う心からくるものだ」**と諭しました。

悲しむな

怒りも怖れも悲しみも人間にとって不要な心です。

不要どころかそういう心が身体を蝕みます。自律神経で支配されている生物である人間も、怒り怖れ悲しみの感情をもつと神経を通して肉体の隅々まで痛めてしまいます。命をかけてまで怒ることも怖れることも悲しむこともないのです。ただし、怒り、怖れはある程度自分でコントロールできますが、悲しみはなかなかコントロールできない感情の一つです。

自分にとって大切な人が死んでも、悲しまずに乗り越えられるか？

「人の死というものが個体の死であって魂の死ではない。死は誰にでも起こるもの。魂はまた元の大宇宙に戻っていっただけなのだと捉えられないから悲しむのだ」とお釈迦様も説いています。

数千年も前からの、人間に与えられた難しい命題の一つです。

難しいが、解決してこの世を去りたい命題の一つです。修行ですね。

疚しいことはするな

「嘘つくなよ。正直に生きろ、本心良心に悖《もと》るような生き方はするな」と天風は言います。

正直に生きていると、全身に張り巡らされている神経が素晴らしい力を発揮します。

そのとき、ちょっと得をしたと思っても、嘘から生まれたものであれば、後ろめたい気持ちが続きます。それは決して気持ちのいいものではありません。

昔の人は「お天道様に顔向けできないようなことはするな」と言いました。

正直でないことは嘘をつくことです。恥ずかしいことです。

今は「恥」という字を書きますが、天風は「**愧**」という字をあてて、はずかしいと読ませています。「恥」よりさらに心の問題として使っています。正直でないはずかしさは鬼の心だというのです。りっしんべんに鬼とかいて「**愧**」です。鬼の心なんですね。嘘ついて少々得したって、鬼の心で生きてはつまらないですね。

落語に「井戸の茶碗」という噺があります。正直ものの三人が登場する落語です。

正直にバカがつくほどの正直な屑屋さん。真っ直ぐな性格で曲がったことは大嫌い。角を曲がるにも曲がるのが嫌で泣きながら曲がるほどの正直者です。

金に困って先祖が残してくれた仏像を金に換えようとしているのに正直を貫く長屋住まいの浪人。

もう一人が、その長屋住まいの浪人が屑屋さんに売った仏像を買った若い侍。買った仏像の中から五〇両も出てきたのに、俺は仏像を買ったのだ、小判を買った覚えはないと言い張る。

三人とも、バカがつくほど正直者の話です。人間こうありたいとつくづく思います。皆さんも一度、この落語を味わってみてください。勇気が湧いてきます。

正直ということは「疚《やま》しいことはするな」と同じことです。

天風も「**疚しいことはするな**」と何度も何度も言いました。

その場、そのときは、ああ儲かったな、得したなと思っても、人間の心の中には本来、良心というものがあります。自分の嘘に、良心の咎めというものを感じます。ちょっと心に引っかかる感情です。疚しいことをしたからです。その疚しさは後々まで心に残ります。そして心を苦しめます。その心が悔恨です。

「疚しいことはするな」。これも天風の名言の一つです。

深切

親切も同じです。親切は他人のために自分を少々捧げて生きることです。親切をすると心は爽やかになります。爽やかな気分になって気持ち悪い、なんていう人はなかなかいないでしょう。

親切と今は書きますが、天風は親切を**「深切」**と書きました。大正時代の表記です。人を思う、深い心で接するのが本当の親切なのです。

たまに、親切にしてあげたのにと「のに」をつけて怒っている人がいます。親切にしてあげたのに裏切られたと思うのでしょう。しかし、裏切られたからといって怒るのは本当の親切ではないでしょう。怒るのは心の底に報償を期待しているからです。報償を期待してするのは、心からの親切ではないのです。**「裏切られてもお礼を言われなくてもするのが本当の深切だ」**と天風は述べています。

愉快に

「正直、親切、愉快に」です。

天風はこの言葉をいつもセットで使いました。

正直、親切だけでは堅物になりかねません。そこに愉快をつけることで潤いが生まれてきます。自分の心も愉快に、そして他人の心も愉快にさせましょう。正直で親切で、さらに愉快な人の周りには人の輪ができます。人の輪の中で愉快に人生を送れたら、こんな嬉しいことはありません。幸せな人生のできあがりです。

習慣は第二の天性

素晴らしい才能、素質をもって産まれてくる人がいます。

自分にはない、素晴らしい天与の才能、素質に恵まれています。そういう人を羨んでもしようがありません。元々もって産まれてこなかったのなら、自分で作ればいいのです。

「ありがとう」を自然体でさらりと言える人がいます。優しさの素質です。もしその素質が自分にないと思ったら、なんにでも「ありがとう」を連発してみましょう。そのうち努力しなくても「ありがとう」が自然に口をついて出るようになるでしょう。「ありがとう」が習慣化されたのです。そしてそれがもって生まれた性質に変わるのです。

笑顔でも正直でも感謝でも、なんでも習慣化させることができます。

スポーツでも仕事でもそうです。自分は不器用だ、苦手だ、と思っていることでも、何千回、何万回でも繰り返しいるうちに、もって産まれた天性になります。習慣化されて天性になるのです。

「習慣とは第二の天性」なのです。

天風は**「習うより慣れろ」**という言葉も使っていました。同じ意味ですね。

他人は自分ではないんだよ

人間は十人十色。みーんな違います。これをしっかり受け止める必要があります。どんなにいい人でも、どんなに仲がよくても、どんなに好きな人でも、その人のすべてが好きだということはなかなかないものです。いい人なのだが、あそこが嫌いだ、ここがちょっとね、ということはしばしばあります。

自分ではない他人を、あそこが嫌いだから、もう付き合いたくない、などと言いはじめると、付き合う人がいなくなります。親だって、子どもだって、連れ合いだって、どんなに大好きな人でも、どこかしら嫌なところがあるものです。その人は自分ではないからです。

周りの人はみんな、自分ではないのです。他人の欠点を見つけて、あれこれ言ってその人を遠ざけていたらだれもいなくなります。

自分の周りにいる人たちとは、不思議な縁で、この地でこのときに出会えたのです。一〇〇年前の人だったら絶対に会えませんし、一万㎞も離れていたらすれ違うことすらありません。同じ時代に、同じ町ですれ違うことだって奇跡だといえます。ましてや身近で声を掛け合うことは奇跡また奇跡です。まさに袖振り合うも多生の縁です。

余談ですが、私は天風が「袖すりあうも多少の縁」と言っているのだと思い込んでいました。袖が擦れ合っても、ちょっとだけ縁があるのだ、と勝手に解釈していました。「振り合う」「多生」なのですね。国語力がないのです。

縁を大切だと思うなら、**「他人は自分でないんだよ」**を肝に銘じておきましょう。「袖振り合うも多生の縁」です。

箱根山籠に乗る人担ぐ人 してまた草鞋を作る人

歌のようで歌ではない諺です。天風の大好きな諺のひとつです。

世の中、みんな持ちつ持たれつです。一人では生きることはできません。

箱根山を越えるために乗った籠、籠は乗っただけでは動きません。籠を担ぐ人がいて初めて、籠は籠の役目ができるのです。これが、箱根山籠に乗る人担ぐ人、です。しかし籠を担ぐ人が裸足では山道を歩けません。草鞋を履かなければ箱根山は越えられません。その草鞋を作る人も、箱根山を越えるための一人なのです。

籠に乗る人がいるから籠かきの人の生活もなりたちます。草鞋作りの人もそうです。籠に乗った人も楽に山を越えられます。三者が持ちつ持たれつです。みんなで助け合っての世の中なのです。

手元にあるティッシュ、こんな便利なものはありません。このティッシュ一枚だって自分では作れません。遠く海外の山で誰かが樹を切って、誰かが運転するトラックに載せ、誰かが操舵する船に乗せ、日本の港で誰かが荷揚げし、パルプ工場まで運んで、多くの人の手でティッシュになります。そこからさらに、多くの人の手を通って自分の手に届いたものです。箱根山どころではありません。そう思うと、壮大な人間の結びつきの中で生きていることに気付きます。ティッシュだけではありません。バナナでもミカンでも、お茶碗でもお箸でも、テレビでもパソコンでも。多くの人の力で、結びつきがあってこそそこにあるのです。感謝の一言ですね。多くの人の世話になって生きている自分、生かされている自分があります。ありがたいですね。

俺は人の世話にはならない、死んでも人の世話にならないなどと啖呵切っている人がいます。とんでもない考え違いです。ティッシュ一枚自分で作れないのです。食べているものにしても、どこかで見知らぬ誰かが作ったものでしょう。

死んだら死んだで、誰が棺桶にいれるのですか、誰が焼き場に運ぶのですか、だれが焼くのですか。人の世話にならないなどというのはとんでもないことです。人の世話になるのですから、気持ちよく世話になりましょう、胸を張って世話になりましょう。

そして、世話になったことに感謝です。

ところで、「箱根山駕籠に乗る人担ぐ人」までは知っている人も多いと思いますが、「してまた草鞋を作る人」までは知らない人が多いのではないでしょうか。

「帯に短し襷に長し」までは知っていても、続く「お伊勢参りの傘の紐」まではあまり知られていないのと似ていますね。

丸い卵も切りよじゃ四角　ものも言いよで角が立つ

この諺も天風はよく使いました。七・七・七・五で形成されています。歌のようで歌ではありません。でも七・七・七・五のリズムが気持ちよく心に届きます。高校生だった私にもすぐ覚えることができた調子のよい響きです。

丸い卵も切り方次第で四角になります、同じように、物も言い方一つできつくなったり軟らかくなったりします。

「**考えもなく喋るなよ**」と天風は戒めます。

角が立たないように、軟らかく軟らかく言う癖を付けましょう。言い方は決して一つではありません。たった一言でも、考えて考えて喋る必要があります。

青い顔をした患者さんが診察室に入ってきました。「ああ、顔色悪いねえ」と言えば普通の医者の言い方です。患者さんは、「え！　やっぱり」と傷つきます。

「なーに少々青くたって大丈夫。グリーンピースは青いほうがいいからね」と言えば、ちょっと安心します。

脚がむくんでいる人に、「おお！　むくんでいるね」と言えば普通の医者です。

本人はむくみを気にしています、自分の身体が大丈夫かとおどおどしています。

「むくみだって？　みずみずしくっていいよ。大根だってキュウリだってみずみずしいほうがいいでしょう」と言えば、ちょっと安心感が生まれます。

自分の言葉で人を傷つけていないか、言葉で人を苦しめていないか、よーく考えてみましょう。自分の周りに人が集まってこないのは、もしかすると不用意な言葉のせいかもしれません。角どころか棘になっていないか、よーく考えてしゃべりましょう。

「丸い卵も切りよじゃ四角　ものも言いよで角が立つ」

繰り返して味わってみてください。

「もの言えば　唇寒し　秋の風」という句も同じ意味ですね。天風はこの句もよく使っていました。

上顎と下顎のぶつかり放題でしゃべるなよ

「上顎と下顎のぶつかり放題でしゃべるなよ」

面白い表現です。言葉の大切さを話すときに必ず出てくる表現です。

天風はしばしば**「その言葉、言い直せ」**と言いました。

大学に入る前のこと、私は友人I君と先生の前に立ちました。先生がI君に向かって「今なにをしている」と問いました。I君は「浪人中です」と答えました。すると天風は**「その言葉、言い直せ。浪人などという言葉は使うな。大学を目指して勉強していますと言い直せ」**と戒めました。浪人などという惨めな言葉でなく、大学を目指しているという積極的な言葉を使えと言うのです。

「自分を傷つけるようなマイナス言葉は言うな。他人を傷つけるような悪魔の言葉は言うな」と言うのです。

これは、前項の「丸い卵も切りよじゃ四角　ものも言いよで角が立つ」をもっと直接的に言った言葉です。

「暑いだの寒いだの、痛いだの参っただのは言うな。もうだめだ、助けてくれなんて寝言は言うな」

だれだってある年齢になれば膝の一つ、腰の一つも痛くなるものです。それをすぐに痛い痛いと連発する人がいます。少々の痛みは我慢です。

マイナス思考の人は暑けりゃ暑いで文句を言うし、寒けりゃ寒いで不平を言います。気温気候に心が負けて不平不満を言っているのです。もう少し颯爽といきましょう。

暑い、寒いはマイナス言葉ではありませんが、使い方が問題です。

アゴを突き出し顔をゆがめて暑い暑い、肩をすぼめて下を向いて寒い寒いという言い方が問題なのです。

今年は「暑い」と言わず、「気温が高いね」で通しましょう。

ついでに「気温が高くて気持ちいいね。やっぱり夏は暑い方が夏らしいね」くらい言ったらどうでしょう。

冬になったら「寒い」という言葉は使わず、同じように「気温が低いですね。温暖化でなくてよかったですね」くらい言ったらどうでしょう。

あんまり言っていると友達がいなくなるかもしれませんが。

「今後かりそめにも我が舌に悪を語らせまい。否、いちいち我が言葉に注意しよう」

と天風は言います。

「我が舌に悪を語らせまい」の「悪」とは、他人に対して、悪口を言ったり、罵ったり、他人を悲しませたり、傷つけるような言葉、差別言葉などです。もちろん、こんなことを言うのは最低の最低です。

しかしそれだけではありません。自分を傷つける言葉も口にしてはいけないというのです。自分を傷つける言葉、それは自分の境遇や仕事を、消極的な言語や悲観的な言語で批判することです。俺なんかもうだめだ、俺なんかせいぜいこんなものだとか、仕事に誇りをもたず不平不満ばかり言うことも、自分を傷つける悪魔の言葉です。

他人を傷つけてもいけないが、自分を傷つけてもいけないというのです。

天風はさらに、**「終始楽観と歓喜と輝く希望と溌剌たる勇気と平和に満ちた言葉でのみ活きよう」**と話しました。そういう言葉で生きていると、本来の力強い自分がいきいきと動きはじめ、無限の力が湧いてくるぞというのです。その力で自分の人生を建設せよと我々を励まします。

言葉の力、もう一度しっかりと胸に刻みましょう。

「上顎と下顎のぶつかり放題でしゃべるなよ」。天風の声が聞こえてきます。

他人の言行を常に心の鏡とせよ

自分のことは自分が一番わかっているといいますが、一番わかっていないのが自分かもしれません。その一方で、よきにつけ悪しきにつけ、他人のことはよく目につくものです。

他人のよい行い、よい言葉、それを見てよいと感じた自分がいます。もしそれが自分の中にないものだったら、それを真似してよい行い、よい言葉を使ってみましょう。同時に、悪い行い悪い言葉は使うまいと心に決めるのです。

それが**「他人の言行を常に心の鏡とせよ」**です。

心の鏡は自分で磨かないと曇るのです。明瞭に映らなくなるのです。他人のよい行い、よい言葉も、自分の鏡が曇っていれば映りません。

他人の言行を心の鏡に映して、自分を一層高めるためには、鏡を磨かなければなりません。曇らせたままではいけません。そうして自分の心の鏡に映ったよい行いよい言葉を、自分の生き方の規範にして進んでいきましょう。

「人のふり見て我がふり直せ」です。

天風は、古い歌を紹介してくれました。

「たちむかう　人のこころは鏡なり　おのが心を　うつしてやみん」

「たちむかう　人のすべてを鏡とし　悪しきは捨てよ　善きにならいて」

明日という日は絶対にこないのだぞ

「明日という日は絶対にこないのだぞ」と言いつつ、天風は二つの歌を作りました。

「再びは　来たらぬものを　今日の日は　ただ朗らかに　生きてぞ（すごして）楽し」

「悲しくば　明日悲しまめ　今日の日は　光うるおしく　吾を照らすも」

「辛い事や悲しい事は明日に回しちまえ！　そんなことは今日やるこっちゃないぞ。明日に回してごらん。明日になったらそれをまた翌日に回すんだよ。生きているのは今日という日だけだもん、明日は絶対にこないよ」

明日という日は絶対にこないのです。

明日になったら明日が今日になる。

このことをしっかり抑えておきましょう。

いつも今日だけなのです。だから今日の日を大切に、命が喜ぶことだけをしたらどうでしょう。命が喜ぶのは、ただただ朗らかに生きることです。

「心は現在を要す」という言葉もよく使いました。現在です、過去も未来もないのです。

「過去は及ばず、未来来たらず」という言葉もよく使いました。

過去の出来事を憂えるのを後悔といいます。また、将来を憂えるのを取り越し苦労といいます。

苦労の八割は取り越し苦労だそうです。取り越し苦労のほとんどは起こりません。ほとんど起こらないことに心を悩ませてどうするのですか。取り越し苦労をして、いい気持ちになりますか？　今日のことは明日考えましょう。案ずるより産むが易しなのです。

同じ意味で、次の歌も天風はよく使いました。

「さしあたる　事柄のみを　ただ思え　過去は及ばず　未来は知られず」

遠き慮りなくんば近き憂いあり

この言葉を天風は次のように語っています。

「遠き慮《おもんばか》りという言葉は賢明なる知者かあるいは積極的精神をもつ、真人にたいして言う言

葉です。たいした考えも出てこないような凡俗凡庸の人に当てはめて考えるような言葉ではないんであります。ましていくら口巧者に弁護してみても事実が許しません、事実がね。どんなに自己弁護が巧みに脚色されていても事実はこれに同情しませんもん。真理は誠に厳粛なもんなんであります。もしも真理がですよ、お前の場合は心配するのが当然だ苦労するのも当たり前だ、お前の場合は大目にみておこう、となってくれるのであればなにをか況んやでありますが、事実はそういかないんであります。事の如何を問わず、よしんば本当に心配することを心配したとしても、心配しなくてもよいことを心配しても結果は同じなのです。即ち取り越し苦労をすれば取り越し苦労しただけの報いが命にくるんです」

苦労のほとんどは、まだ来ぬ先の心配、悩みです。遠い先を思ってああなったらどうしよう、こうなったらこうしようと、先々を心配して先に手を打っておくのが賢明なように思うが、どうしてどうして、先のこと先のことばかり考えていると一分後、一時間後、明日に別の憂い事がくるよ、先の先まで心配するな。ということです。

天風がしばしば使った**「心は現在を要す」**という言葉もそうです。

今のこの一瞬、今日一日を精一杯生きるだけでいいのではないでしょうか。

世の中に右も左もなかりけり 真中一筋誠一本

天風は言っています。**「自分は右翼ではない」**。

かつては純粋右翼でした。国家主義でした。自分の国だけよければ他の国はどうでもよい、というのが国家主義です。しかしアメリカ、ヨーロッパ、エジプト、インドと回っているうちに、人の情けに触れて心をすっかり替えたというのです。そして国家主義であった自分を大いに恥ずかしく思いました。自分の国だけでなく、世界のどの国の人々も平等に幸せになって欲しいと思うようになりました。

そこで作った歌がこれです。

「世の中に　右も左もなかりけり　真中一筋　誠一本」

この歌を紹介するとき、天風は右腕を高く挙げ、人差し指を「**一本!**」とつきだして、真中一筋と、一段と声を張り上げていました。

天風を右翼のようにいう人がいますが、それは全く違います。

天風は平気で戦争反対を訴えました。出征兵を送る会では「**死ぬなよー**」と声をかけました。そのため憲兵に捕まりました。

あの時代に、戦争反対を叫んで捕まる人なのです。

憲兵に見張られていた人なのです。

右翼であるわけがありません。

先の戦争を**「無謀な戦争」**と言っています。戦争批判者です。

天風という名前が右翼を連想させるのかもしれません。天風という名前は、九州柳川の抜刀術の型「天風《あまつかぜ》」から来ています。

右翼なら戦争賛美です。それならば、戦争中命をかけて戦争に反対したのは共産党だから左翼か？　それも違います。

強いて言うならば「徹底的な信念のある平和主義者」です。だから**「右も左もなかりけり真中一筋誠一本」**なのです。

天風は平和という言葉が大好きでした。講演の中、本の中ではあちこちに平和という言葉が出てきます。

天風会の体操の一つに積極体操というものがあります。現在は積極体操と呼んでいますが、元の名前は「平和運動」です。体操に平和という名前を付けるのですから右翼のはずがありません。一、二、三と呼称する代わりに「平和だ、平和だ」と呼称していました。

天風の哲学を、心身統一法・統一道などと呼んでいますが、私は広い意味で「平和道」でもあると思います。アメリカによる原爆投下を激しく批判していました。そういう意味で統一道は心と身体の平和であり、家庭の平和、ひいては世界の平和に繋がる平和運動なのだと思います。

「もう少し、平等であってもいいのではないか」と格差社会を嘆いている言葉もあります。昭和三〇年代に、格差社会を嘆いていたのです。天風が今の激しい格差社会を見たらなんと言うのでしょう。みんなが幸せであって欲しいと心から願った人でもあります。

天風会会員が毎朝唱える今日一日の生き方の規範に「誓詞《せいし》」というものがあります。その中にも**「恒に平和と愛とを失わざる」**という言葉があります。

プラス言葉を使えよ、他人を傷つける言葉を使うなよという中でも、**「平和に満ちた言葉でのみ生きよう」**と、ここでも平和という言葉が出てきます。

平和が大好きな、平和という言葉が大好きな平和主義者なのです。

千万人と雖も我行かん

天風の真骨頂というにふさわしい言葉です。

人がどう言おうが正しいことは正しいのだ、憲兵がいようがいまいが、千万人が反対しようが、敵が千万人いようが俺は一人で突っ込んで行くぞ、死ぬの生きるのは関係ない。千万人に対して一人で突っ込んでいくのですから死ぬに決まっています、それでも行くのです。

さて私たちの場合はどうでしょう。千万人どころか相手が一人でも怯《ひる》んでいるのではないでしょうか。あれこれ損得を考えて躊躇する自分がそこにあるのではないでしょうか。

遠くのほうから聞こえてきます。**「千万人と雖《いえど》も我行かんだぞ！　それくらいの気持ちで人生を送らないでどうするのだ！」**

「自ら省みて疚《や》しからずんば千万人と雖も、吾れ行かん」と全文を紹介することもありましたが、たいていは「千万人と雖も、吾れ行かん」でした。

「疚しからずんば」ではなく**「自ら省みて直《なお》くんば千万人と雖も我れ往《い》かん」**と使うこともありました。

天風はそういう気概で生きた人です。

ひたむきに人の世のため尽くさんと 思ふ心に光あるなり

自分のため、自分の家族のためなどと狭い心で考えてはいけない。という意味の、天風作の歌です。もっと広い心で人の世の為に尽くすのだという、大きな心を持たなければいけないと天風は説きます。そこでこういう歌が出てくるのです。

「ひたむきに　人の世のため　尽くさんと　思ふ心に　光あるなり」

天風が毎朝、今日の自分の生き方を心にしっかり刻みこませるために作った言葉がありま す。

その中にも**「ひたむきに人の世のために役立つ自己を完成することに努力しよう」**という言葉があります。

自分や自分の家族は、とても大切です。しかし、それだけに生きるのではあまりにも狭量だというのです。もっと外に目を向けて、人の世のために自分の一部を捧げる、そういう気持ちをもちなさいというのです。

これはできそうでなかなかできません。できていない人がほとんどではないでしょうか。

別の言葉で**「人の世のためにつくすというのは私心なく誠心誠意人々の協同幸福のために努力することである」**とも述べています。つまり、私心とは自己本位の心である。利害に対してどうしても執着という相対的精神態度をとってしまうことを戒めています。

プラス思考がなくなるとどうしても利己的になります。マイナス思考を捨て、広く大きな心で、「人の世のため」に行動していきたいものです。

切り結ぶ太刀の下こそ地獄なれ 身を捨ててこそ浮かぶ瀬もあれ

古い剣道道歌です。うーん、なるほどと、身の引き締まる歌です。

天風が講演の中で最も多く使ったのが「晴れてよし曇りてもよし不二の山」ですが、その次に多いのがこの歌だと思います。弟子が戦争に出ていくとき、必ずこの歌で励ましました。

「戦争だからそりゃ死ぬような目は何度もあるよ。その時、さあどうしようどうしようなんて考えるな。『切り結ぶ太刀の下こそ地獄なれ　身を捨ててこそ浮かぶ瀬もあれ』の心もちだぞ」と言って戦場に送り出したそうです。その弟子が無事に戦場から戻ってくると、**「身をすててこそ浮かぶ瀬もあれ。実行したな」**と喜んだといいます。

死んだらどうしよう、弾が当たったらどうしよう、なんとか助かろうなどと思うと、邪念邪心が湧き、判断が狂います。死ぬことなんか考えず、ただ無念無想でいれば妙案が出てくるし、活路が見いだされるのです。

「晴れてよし　曇りてもよし　不二の山」

「切り結ぶ　太刀の下こそ　地獄なれ、身を捨ててこそ　浮かぶ瀬もあれ」

この二つの歌が、天風哲学、統一道の神髄を語っています。

同じ意味で、「身を思う　心ぞ心　苦しめん　身を思わねば　命やすけり」という歌も紹介しています。恐怖の大部分は身を思うからだ、という話の中でよく引用していました。

一刀流の極意では、「武士《もののふ》は生死《しょうし》の二つうち捨てて　進む心にひくことはなし」と教えています。

また柳生流では、「武士の心のうちに死の一つ忘れざりしば不覚あらじな」という歌で教えていたといいます。

本物の武士というのはすごいものですね。悟っています。

今の時代に武士として生きることはできませんが、武士の心で生きることはできます。

武士といいましたが、男性も女性も関係ありません。この精神に一歩でも近づきたいものです。

憂きことのなおこの上につもれかし　限りある身の力ためさん

江戸時代の儒学者、中江藤樹の弟子である熊沢蕃山の歌です。辛いことでもなんでももっとどんどんやってこい、なんだそれしきなのか！　もっともっとやってこい！　俺の力がどれほどのものか、さあためしてみようじゃないか！　というほどの意味です。スケールが大きいですね。

天風はこの歌を好み、話の中でもよく引用していました。

「有意義な幸福な人生に生きたいと思うのが人間です。俺は苦労が好きだ、のたうちまわるのが好きだという人はいないでしょう。熊沢蕃山のような人でも憂きことを憂きことと思いたくないからこそ、この歌を詠んだのです。そして、なにはともあれ他人に好かれる人間になりましょうや。そうすればおのずと有意義な幸福な人生に生きられるんだから」

思うこと一つかなえばまた二つ 三つ四つ五つ六つかしの世や

調子のよい歌です。これもまた高校生の私がすぐに覚えてしまった言葉の一つです。

欲というものは際限のないものです。

とくに心がうまくコントロールされていないと、欲望に心が負けてしまいます。あれが欲しいこれが欲しい。努力の末にそれが叶えられると、さらにその上の欲が出てきます。

向上心などのよい欲ならば素晴らしいことなのですが、世俗的な物欲、名誉欲、金銭欲、支配欲となると話はちがいます。ほどほどにしておけば心穏やかにすむものを、もっと欲しい、もっと欲しい。人をかきわけても、人を押しのけても欲しい。自分のためだけに走る欲望はよくありません。一つ叶えば、また次の欲求が芽生えてきます。そして三つ目、四つ目、五つ目と切りがありません。

天風は欲を捨てろとは決して言いませんでした。

欲を捨てるということ自体がもう欲になっているからです。

欲を自分の心でどうコントロールするかです。

自分の欲を自分でコントロールできるようになりたいという欲もあります。

欲に振り回されず、自分で自分を律する、それが大切なのです。

それがこの道歌です。

「思うこと　一つかなえば　また二つ　三つ四つ五つ　六つかしの世や」

欲張るのはやめましょう。欲張るのは欲張りです。

気に入らぬ 風もあろうに 柳かな

この歌を、天風は俳聖青莪の句として紹介しています。

河端の柳に風が吹いています。そよ風もあるし、根こそぎ倒してしまいかねない強い風も吹きます。冷たい風もあるし、生暖かい風もあるでしょう。雨交じりの風もあるし、時には吹雪になることもあるでしょう。

柳にもし心があれば、「この風は好きだな〜」「今日の風は辛いな〜」などと言うかもしれません。足があれば、強風のときは逃げるかもしれません。しかし柳は、どんな風であろうとだまってそこに立っています。泰然自若。いい風も悪い風も、好きも嫌いもなくただ風の吹くに任せています。

まさに飄々《ひょうひょう》という言葉がピッタリです。いつも同じ態度で風を受け流す。これが積極ということなのです。

天風は心の態度を柳に例えるのが好きでした。

「どんな時でも、どんな事にもいささかも動揺せぬ心、言い換えると、如何なる場合にも、怯まず、怖れず、急がず、焦らず、いつも淡々として極めて落ち着いている心、これをもっと適切な状態で言えば、何事もない時の心と同様の心の状態、古い句で『気に入らぬ風もあろうに柳かな』だよ」

同じ意味で、「根を据えて風にまかせる柳かな」という歌もあります。これも、天風哲学の人生理念とする、積極心で人生を生きることの大切さを教えている、尊い歌です。

さらに天風は以下の句も紹介しています。

「物持たぬ　袂《たもと》は軽し　夕涼み」

「湯上がりの　気持ちを欲しや　常日頃」

心の中になにももたない気持ちが大切なんだ。あれこれ囚われるな、悠然として人生を楽しもうよ。ということですね。

そういえば、柳の句は、落語の「天災」という演目にも出てきますね。怒りっぽい八っつぁんに長屋の大家さんが諭しています。

瓦が落ちて頭に当たろうが怒るな。「気に入らぬ風もあろうに柳かな」なんだよと。

風を受けて立つ柳のように、飄々と人生を生きようではありませんか。

もののふの矢走の渡し近くとも 急がばまわれ勢田の長橋

天風は、急ぐなとは言いません。急がなければならないときは急がねばなりません。しかし急ぐととかく、心の安定がなくなります。心が現在よりも先に行ってしまいます。急いでいないときには決して起こさないような失敗をしてしまいます。

天風は、急いではいけないと言っているのではありません。**「急いでいるときも心は平常心だぞ」**と言っているのです。慌てず、本当にこのやり方で正しいのか、もう一度振り返る余裕をもちなさい、と言うのです。

そこで紹介するのがこの歌です。

「もののふの　矢走の渡し　近くとも　急がばまわれ　勢田の長橋」

もののふとは武士です。武士たるものの心得を説く歌です。

琵琶湖を舟で渡ればそれは時間の短縮になるだろうが、万一、舟になにかあったら元も子もなくなってしまう。何事も慎重に、急ぐならなおさら。ちょっと遠回りしても陸路で勢多の橋を渡りなさい、という句です。勢田は瀬田の古語で現在の大津市にあります。

「急ぐときには心の集中が乱れる」の講演でよく出てきた歌です。

我とはなんぞや?

「我とはなんぞや?」

天風が何度も繰り返し使った言葉ですが、なかなか難しい命題です。

でも、一度は真剣に考えなければならない問題です。

「我とはなんぞや」の講演で必ず引用した歌が、「闇の夜に　鳴かぬ烏の　声聞かば　生まれぬ先の　父ぞ恋しき」です。臨済宗の白隠禅師の歌とされています。

正直私にもわけがわかりませんが、なんとなく好きな歌です。

闇の夜に鳴かぬ烏の声を聞く?　闇夜に真っ黒な烏なんて見えないでしょう。鳴かない声?　どうやって聞くのか。なんなのこれ?　と思います。生まれぬ先の父ぞ恋し?　恋しかないよそんなもの。と思います。

今でも、「つべこべ言わずに考えろ、喝!」という天風の声が聞こえてきます。

何百年も昔からの、禅僧たちの大きな命題の一つが「我とはなんぞや」です。これを知りたくてみんな座ったのです。命をかけたのです。

天風はさらに、この歌と対をなす歌として「我なりと　思う骸《むくろ》は　仮の我　まことの我は御霊《みたま》なりける」。そしてもう一つ、哲学のほうではとことわって、「我なりと感ずる我は仮の我　まことの我は命そのもの」を紹介しています。

天風は「我とはなんぞや」の講義の中でこの三つの歌を並べて紹介し、さらにこう続けました。

「肉体で生きているような間抜けな生き方をするな。肉体は自己そのものではなく、自己の命のものなんだよ。心と身体は人間が生きるための道具なんだ」

どんな場合であっても肉体が自分だ、などという下等な気持ちで人生に生きてはならない、と説いています。なかなか難しいですね。

これは、天風哲学の大切な考え方ですので、天風の講演の一部をご紹介します。

「体は自分のものなんで、自分じゃない。着ている着物と同じ。あんた方は。肉体は自己じゃなくして、自己のものなんだ。わかるかい。自己ではなく自己のもの。つまり、自己の命の所有物なんだ。肉体は。

もう少し素人にわかりやすく言うと、あなた方の着ている衣服はあなた方じゃないはずだ

ね。あなた方の物なんだ。そうだろう。手に持っているハンドバックであろうとまた。ねー、着ている洋服であろうと履いている靴であろうとあなた方じゃないはずだぜ。あなた方が上着を脱いで椅子の上においといてからに、おれがここにいるとは言わないだろう。あなた方の物がそこにおいてあるんだ。だから肉体というのは命の本質から考えると自分の携帯物とおなじなんだ。携帯物が自分でないのと同じ理屈だ。それを大抵の人が自分自身だと軽率に考えるのは人間というものを感覚的の方面から考えるからなんだ。味のある言葉だろう。このくらいの言葉は現代の人間としてわからなきゃだめだぜー。人間を考える場合に感覚的の方面から考えるから。人間を考える場合には本質的な方面から考えなきゃいけないんだよ。ねー、本質的な方面から考えるのにはまず『命』とはなにかってことを考えなきゃだめだよ。あなた方はねー、いろんな理屈を、ほら、自分で言っていてわからないような理屈や議論を言う場合があるけれども、肝心要の生命とか、命とかって言われるってーと、それを端的に答えるだけの、あなた方はあれかい、知識持ってるかい。あたしゃ困ったねー。そういう質問受けたとき『おまえあれかよーおい、聞くところによると医学博士だっていうけれど命とはなんだい？』と聴かれたとき（天風の師、カリアッパ師から）困っちゃったよあたし。

「What is life? Do you know?」と聴かれたとき、はっきりと命とはなにって答えることができなかった。あなたがたどう答える？　命とは何だ？　命？って、そりゃ命は命じゃねーか。その命は命とはなんだいというと、命ねー、死んでないのが命だろう。この答えは極めて曖昧で自分が答えながら安心できないでしょうが。どうです。命という物をまずはっきり考えよう。はっきり考えられると自然と人間の真我の正体ってものがわかる。本当の自分の、ねー、正体がわかるんだよ。命はいったいなんにあるんだろう。あなたがた肉体に命があると思ってるだろう。これは浅はかな考え方だぜ。これをモーターで考えてみよう。電気でモーターがくるくる回っている時に、あのモーターに命があんのかい。モーターに命があったらモーターさえ作りさえすればぐんぐん回り出すはずだな。けれどもいくらモーターを作ってみたとこで電気という一つの気体が原動力的となってる。これがねー、コンセントを通じワイヤーを通じてモーターのコイルの中に感電しない限りは回らないでしょうが。肉体だってそうだぜ。肉体だけあって人間の命が続くんなら、肉体がある限りは死なないはずじゃねーか。ところが死ぬと同時に肉体だけ残して、命を生かしているものがどっか行っちまうじゃねーか。そうすると形はそこにあっても、もうものも言わなきゃ息もしない、血液も循環しない。ねー、そうなると医者が、ああこれもうだめです、とこう言うだろう。このねー、簡単な理屈でなく事実が、理屈じゃないんですこりゃ、事実が。

どうです、私も悟れなかったから、あなた方も悟れずにいやしないかと思うがどうだい。ま、こん中にはそういうことを当然悟っていなけりゃならないはずの六〇以上の人もいるだ

ろうけれども、案外そういう点に関してはぼーっとしてますわね。命は我々の肉体にあるんじゃなくして、肉体に活動力を与えているものが命なんだ。肉体に活動力を与えているものはなんだ。モーターに対する電気と同じようなもんで肉体に活動力を与えてんのが、俗に言う霊魂という一つの気体なんですよ」

さあどうでしょう。わかりましたか？　ここらあたりが、「天風会はいいのだが、難しくてね」と言われる所以でしょうね。

でも、難しいからいいのです。一生楽しめます。

座れ！

天風の言う「**座れ！**」とは正座することではありません。もちろん、椅子やソファーに座ることでもありません。「座れ」とはなにも考えずにいろということです。なにも考えないことです。頭の中を空っぽにすることです。考えないということも考えないのです。無念無想です。

座るという表現を使いますが、文字どおり座る必要はありません。立っていても歩いていていても寝ていても、どういう状態でもいいのです。ただ、心を無の状態におくことです。瞑想（マインドフルネス）が流行っていますが、「座る」は瞑想ではありません。瞑想は瞑目して、なにかを想っている状態です。

天風の言う「座る」とは、心になにも想わない状態を作れ、ということです。

そこで頭を空っぽにするという表現が出てくるのです。座禅と同じです。座禅は瞑想ではありません。なにも考えない、雑念妄念を払拭している状態です。東洋の心の作り方です。

心というものを考えてみると、自分の心でありながら、なかなか自分で心を自由に操ることができないものです。

怒ってはいけないと思いながら怒ってしまう。悲しんではいけないと思いながらも悲しんでしまう。悔やんではいけない、取り越し苦労してはいけないとわかっているのに悔やみ、くよくよと先のことを心配する。自分の心なのに、自分でコントロールできないからそうなるのです。

ここで、目をつぶってなにも考えないようにしてみてください。

どうです？　三〇秒間なにも考えないでいられましたか？

三〇秒どころか、一〇秒、いやたったの五秒でもできないのではないでしょうか。

なにかの集会で黙祷（黙想）が行われます。司会者から「黙祷」と言われて黙想をはじめても、黙想だけに意識を集中していますか。

わずか一〇秒か二〇秒ですよ。一〇秒か二〇秒なのに、あれやこれやこれやあれや、次から次へと妄想が湧き出てきませんか?

一秒たりとも、じっとしていないのが心です。じっとしていてくれと思ってもじっとしていてくれません。遊び盛りの小猿のようにあっちに跳びこっちに跳び、自分の心でありながら自分の思うようになっていないのです。

天風は**「自分の心を自分でコントロールできないでどうする」**と説きます。

自分の心を自分でコントロールできればこんな素晴らしいことはありません。心を自由にコントロールできれば怖れや悲しみ、心配や苦労はたちどころに消えてなくなります。

自分の心を自分でコントロールする、そのために**「座れ!」**というのです。

電車のつり革に掴まっているほんの一瞬でもよし、歩いているときの僅かな時間でもよし、心をちょっと放してみるのです。なにも深山幽谷にいって滝に打たれたり、石の上に座る必要はありません。静かな場所を求める必要はありません。日常の場でよいのです。雑踏の中でもよいのです。

天風はこんな歌も紹介しています。

「座禅せば　四条五条の　橋の上　行き交う人を　深山の木に見て」

座禅をするのになにも深山幽谷に出掛けていく必要はありません。賑やかな京都の橋の上でもよいのです。道行く人々をうるさいと思うのでなく、行き交う人を深山の木々に見立てたらどうかという歌です。

いやいやそれだけではない。行き交う人など木々に見立てなくてもよいのだ、木々に見立てるというのがそもそももう雑念妄念だ。行き交う人に心が囚われているのだ。ということを天風は言ったのです。

行き交う人を、そのままにして座っていればよいのだ、というのです。

この心境を求めているのです。

二〇分も三〇分も座る必要はありません。一時間も二時間も座る必要もありません。

現代に生きている我々にそんな時間はありません。

自分の生活の中で、ほんの少しの時間を見つけて、ちょっと目をつむるだけで充分です。

いやいや、目だってつむる必要はないのです。目を開けたまま、心を少し自分から離すのです。

それが**「座れ！」**です。

心が無の状態になったとき、頭の中では「ひらめき」が起こります、インスピレーションが出てきます。雑念妄念の中では決して出てこなかった素晴らしい考え、想いが出てくるのです。すると怖れや悲しみ、嫉妬や憎悪というような マイナス感情も消えていきます。だから**「座れ！」**なのです。

瞑想ではありません。ああしよう、こうしよう、ああなればいいこうなればいいと考えていてはよい考えは浮かんできません。自分の心を自分でコントロールできないままいくら瞑想しても、雑念妄念が頭の中でぐるぐる廻っているだけになります。

無の状態というのはどういう状態か。

天風は、きれいな景色を見たとき、なにも考えずに景色に見入ってしまう、あの気持ちだと説明しています。またなにかの音に心を集中している、無念ではなく一心の状態のときに、音がパッと消えた刹那に感じる一瞬の静けさ、それが無だと言います。

真夏、蝉がうるさいほど鳴いています。その蝉の声に集中してみましょう。蝉の声がぱたっと止む瞬間があるはずです。その一瞬が無です、無の心です。

車のクラクションに耳を凝らしてみます。クラクションが鳴り終わったときの感覚が無です。街にはいろいろな音が飛び交っています。街の中で音に耳を凝らして「座って」みましょう。

雑念妄念を一心にして、そしてさらにもう一歩高みにある無心にすることが大切です。

パソコンの中にだんだん要らないファイルやアプリがたまっていきます。これを取り除いて軽くしてあげるのと同じです。不要なものを削除すれば動きがよくなります。心もサクサクと動かしてあげたいものです。そうして初めて、本当のプラス思考が湧いてくるのです。何事が起ころうとも平常心で対処できるようになるのです。

天風は、天風式の座禅を「安定打座」と呼びました。そこで天風式座禅、安定打座の心を詠んだ歌を三つ紹介します。

「安定の　打座密法の　真諦は　心耳《しんに》を澄まし、空《くう》の声きく」

「心をば　虚空の外に　置きかえて　五感気にすな　打座の妙法」

「心をば　静かに澄ます　空の空」

一番目の心の耳、わかりますか？　肉体の耳ではありません。心の耳です。心の耳ができてくると聞こえるのが「空」の声です。空に声があるのか？　と思うでしょう。あるのです。

二番目の歌の中の「虚空」も難しいですね。心を虚空の外におくのです。虚空の外？　うーんわかるようでわからない。わからなくてもいい。考えてみてください。

座っているとまず気になるのが、自分の五感からくる妄想念です。足がしびれたりあちこちかゆくなったり痛くなったりします。外の雑音も気になってきます。

五感を気にせず、あるがままに任せる。そして無心になる。

「空」の声が聞こえてきましたか？

行くな戻るな佇むな 立つな座るな寝ころぶな

これも私の大好きな句です。和歌ではありません。七・五・七・五です。天風得意の講談の一つ、「宮本武蔵と柳生十兵衛」という話の中に出てきます。沢庵和尚が、一時期、気が触れたとされる柳生十兵衛三厳にあたえた公案です。

「行くな戻るな佇《たたず》むな　立つな座るな寝ころぶな」

前に進むな、しかし後ろにも戻るな、その場に佇んでもいけない、さらに座ってはだめだ、さりとて寝転んでもだめだというのです。

十兵衛、これにはハタと困りました。答えられないのを見た沢庵が「考えろ、考えてわかったら返事せよ」と言いました。

十兵衛は三年考えた末に、沢庵のところに行き「できません」と答えました。沢庵はこう言ったそうです。「そうだ、それが答えだ」。

沢庵に与えられたお題を三年間考え続けた末、さしもの十兵衛の気の病も治っていたという話です。気の病が治っただけでなく、長いことどうしてもわからなかった「八方破れ微塵不動」の剣道の極意も悟ったといいます。

剣を構えているようで構えていない、構えていないようで構えている、隙があるようで兎《う》の毛ほどの隙もない、兎の毛ほどの隙がないようで全身隙だらけ。これが極意だというのです。

「行くな戻るな佇むな　立つな座るな寝ころぶな」

禅問答には深い意味があります。皆さんも柳生十兵衛になったつもりで考えてみてください。三年後には、悟りが待っているかもしれません。難しいが楽しい。統一道も同じです

幽霊の 正体みたり 枯れ尾花

誰も通らない夜道。道の両脇には、枯れてゆらゆら揺れているススキの穂。

怖い怖いと思って歩けばススキの穂がまるで幽霊のように見えてしまいます。これが「幽霊の　正体みたり　枯れ尾花」です。

ススキの穂を見ている目の網膜にはススキの穂が写っており、視神経はススキの穂を脳に

届けています。しかしその情報が脳に届いたとき、ススキではなく手を前にぶらーりと垂らし、髪振り乱した足のない幽霊として感知してしまうのです。怖い怖いと思う心が幻想を作り出してしまうのです。

山道を、蛇に出会ったらどうしようどうしようとびくびくしながら歩いていると、縄の切れっ端が蛇に見えてしまいます。視神経は縄と捉えたのに、脳が蛇として受け取ってしまった結果です。

ゴキブリはどうでしょう。ゴキブリが怖い怖いと思っていると、床の黒いしみがゴキブリに見えてきます。

「ゴキブリの　正体みたり　床のしみ」というわけです。

見たとおりに脳がその事物をキャッチするのではありません。ビクビクしていると別のものに変化してしまうのです。だから常日頃の訓練が必要なのです。考えを作り出す、心の倉庫に怖い怖いというマイナス思考の材料がたくさんあるから、こういうことが起こるのです。心の倉庫をプラス思考の材料に置き換える必要があるのです。見た物を見たまま心に届けられるようになると、怖いものがなくなっていきます。

皆さんの心の倉庫はどうですか。怖い怖い嫌だ嫌だの雑念妄念が詰まっていませんか。怖いだけではありません。俺はだめだ、私はだめだなどというマイナス思考は入っていませんか。心の倉庫からマイナス思考を追い出して、プラス思考の材料で一杯にしていきましょう。

生活の中の情味を味わえ

「生きる事の努力のみに追われて生活の中の情味というものを味わわないと、人生はどんな場合にも真の活きがいというものを感じない」と天風は言います。

さて、みなさんは生活の中に情味を感じているでしょうか。

情味という言葉さえ知らずに生きていないでしょうか。

情味とは何か？　辞書には「物のおもむき。おもしろみ。情緒。やさしい心遣い。人間らしいあたたかみ。人情味」とあります。わかったようなわからないような感じです。でもなんとなくわかるような気がするのは日本人だからでしょう。情味の「情」は風情の「情」がぴったりするように思えます。朝、雨戸を開けると、快晴で空が青ければ、その清々しさに、「いいなー」と感じ、雨ならば、雨で「しっとり濡れていいなー」と感じる。

ようするにちょっとしたことに心を踊らせ、すべてに感謝する気持ちが、情味という世界なのかと思います。ちょっとしたこと、空、雲、空気。そして蜘蛛の糸が朝日や雨できらりと光る道ばたの花、なんでもいいのです、本当にちょっとしたことです。それを見て「ああいいな～、楽しいな～、うれしいな～、感謝感謝！」と思えることが、「情味をもつ」ということなのでしょう。

情味を感じるには心の余裕が大切です。道ばたの花を見る余裕、爽やかな空気を感じる余裕、空を見上げる余裕。余裕がないと情味は感じられません。花が飾ってあるのに気づかない、咲いていてもわからない、ふんわり浮かんだ雲にも気づかない、蝉の声にも、鈴虫の声にも気づかずに時間は過ぎていってしまいます。心に余裕です。

情味はなにも花鳥風月だけではありません。老人の仕草、若者の姿、子どもや赤ん坊の声、なんにでも情味は見つかります。忙しい中にも余裕をもつことが大切です。それには精神統一が欠かせません。澄んだ心が必要です。

いつでも、どこでも情味を感じて生きる。情味とは京都のお寺に行かなければ感じられないものではありません。自分のすぐ周りにあるのです。秋の紅葉だけに情味があるのではありません、真夏の向日葵にもあるし、ありんこの行列にもあるのです。情味の素材は何処にでもあります。それを心が捉えられるかどうかです。

天風箴言《しんげん》の中にある、**「活きる事の努力のみに追われて生活の中の情味というものを味わ**

わないと、人生はどんな場合にも真の活きがいというものを感じない」という一文。

生きるための努力のみに追われていませんか？　生きることで精一杯だよ、と思われるかもしれません。でも、情味を感じる余裕をもつかもたないかは、生活に追われることとは関係ありません。忙しさの中にも必ず情味はあります。

天風には次のような言葉もあります。

「とくに知っておきたいことは、生活の情味というのは、楽しい事柄の中にのみあるのではなく、またさりとて金や物質の豊かな時にのみあるのではない。悲しいことの中にも、また悲しい事柄の中にもある、況《いわん》や人間世界の階級差別に何ら関係はないのである。否、むしろ富貴や地位に活きるものは生活の情味を、そうしたものの中から獲得しようとするために、真の味わいを味わい難い。したがって真の幸福というものを味了することも容易でない」

血なんか自分で止めろ

え？　血を自分で止めろだと？

私がまだ医学部の学生だった頃のことです。夏の修練会（鍛錬会）で脛の擦り傷から血を流し、あたふたしている若者に天風がこう言い放ちました。**「血なんか自分で止めろ！」**。これは衝撃でした。聞いたときは、え？　と思いましたが、なるほど血なんか自分で止めろ、か。そりゃそうだといたく感心するようになりました。自分の身体を自分がコントロールする、考えてみれば当然なことです。

天風は自分の心臓を自分の意志で止めることができた、という話を何人かから聞いたことがあります。事実かどうかはわかりません。でも、心臓の動きを意志でコントロールできるのなら、脛の出血くらいでおろおろするな、というのは当たり前です。今の医学ではなかなか説明できることではありませんが、天風は歯の治療でも、**「麻酔なんかいらないからな」**と言っていました。

真善美

耳にたこができるほど、何回も聴いた言葉です。

「宇宙の心は真善美なんだ、真善美が宇宙の法則、真理なんだ」

その宇宙の法則で作られた我々人間も真善美そのものなのだ、というのです。

それでは真善美の「真」とは何か。

「真」とは誠です。ありのままの姿です。難しくいうと絶対の本然です。一点の嘘、偽りのないこと、筋道のちっとも乱れていないことともいえます。

「善」とは愛です。かたよりなき愛情。絶対愛の発露された心意、又はその心意を基盤として為される行為です。天風は、**「犬の糞も美人も平等に照らす太陽の光」**という表現も使っていました。

「美」とは調和です。完全調和の状態が美です。

宇宙を考えてみると、ビッグバンからはじまり、整然と進化しています。その進化はまさに理路整然です。破壊のように見えてもそれは次の建設のための道程です。

我々にとって身近な宇宙である太陽系を見ても、太陽の周りを幾つもの惑星が理路整然と回っています。かたよることのない愛で平等に運行しています。

そして調和です。調和がとれているから太陽系は存在しています。

私たち人間はこの大宇宙の中に、大宇宙の力で誕生しました。大宇宙の力で誕生したのですから、私たちの中には大宇宙が存在しているといっても間違いではありません。私たち人間にもこの大宇宙の法則「真善美」が当てはまります。肉体も心もこの「真善美」で運行されているのです。だから本来の肉体には病は存在しないのです。

本当の心は、正しく、尊く、清く、そして強いのです。嘘も偽りもありません。怒ったり悲しんだりすることは宇宙の心ではないのです。人に優しく、愛情をもって接すると気持ちよく感じられます。私たちの心は、真善美が好きだからです。弱きを助けると気持ちがよいのは、心が宇宙の心に通じているからです。

「真善美」。短い言葉の中に深い意味があります。ゆっくりと噛みしめてみてください。

因果応報

なんにでも原因があって結果があります。

別の言葉でいうと「火のない処に煙はたたず」です。

「風が吹けば桶屋が儲かる」という例え話があります。

風が吹いてなぜ桶屋が儲かるのか？　これにも因果応報が立派に当てはまります。風が吹くと砂埃が舞う、砂埃が舞うと目に入り、失明者が増える。失明者が増えると三味線で生計を立てる人が多くなるので三味線が売れる。三味線が売れるとその三味線に張る猫の毛皮が必要になる。そうすると猫がいなくなる。猫がいなくなると鼠が増える、鼠が増えると桶が鼠にかじられる、桶が傷むから桶が売れる、桶屋が儲かるという順番です。

人生の諸々、運命も健康も全て原因があって結果があるのです。

身体に熱が出てくるには出てくるだけの理由があります。病原菌が身体に入ったからそれを追い出して命を守るために熱が出るのです。

熱が出るのは結果です。しかしその熱を悪者にして、熱だけ薬で下げようとしている現代医学はおかしいと天風は批判します。咳が出るには咳が出るだけの理由があるのです。病原菌が肺に入ってきて、それを外に追い出すために激しい空気の流れを作って外に追い出しているのが咳です。咳は結果です。その結果だけを止めようとするから余計に悪化するのです。病になるにはなるだけの理由があります。原因なくして病にはなりません。それなのになぜ病になったのか、どうして私だけがと嘆きます。病は結果です。原因があっての結果です。因果応報です。だからといって自分が悪いことをしたからと捉える必要はありません。遺伝かも知れません、もって生まれた体質かも知れません。吸った空気、飲んだ水かも知れません。それでも、原因があっての結果なのだということです。

運命の考え方は病とは少し違います。運命が思わぬ悪い方向にいったら、それは大抵の場合、それまでの自分の行為の結果だと捉えましょう。

運命が思わぬ悪い方向にいったのも、それまでの自分の行為の結果です。思いもかけぬ方向であっても、それまでの積み重ねがあるはずです。「私はなんにも悪いことをしていないのに」と思っても、その結果が全てを物語っています。

今、幸せなのも不幸なのも、みんな過去の自分の生き方の結果です。不幸になるとつい、他人のせいにしたくなります。でも他人のせいではありません。自分がそういう結果を導いたのです。原因があっての結果なのです。

「因果応報」そういう意味ではとても厳しく重い言葉です。

天風はこの因果応報という言葉を随所で取り上げ、**「宇宙の法則に則った正しい生き方をしなさいよ」**と説きました。

春風駘蕩

この言葉も天風は好きで、随所に使っていました。

春風がそよそよと気持ちよく吹いています。春風です。

心は悠々として温和でのんびりしています。駘蕩です。

天風は、その一生をまさに春風駘蕩《しゅんぷうたいとう》として生きた人だと思います。

ところが今、ひとたび街に出てみると、人々はなにかに追われているようにセカセカと歩いています。信号待ちでは一歩前に踏み出して、今にも駆け出しそうな体勢の人がいます。常に時間を気にして今か今かと青信号を待っています。

その間もスマホを片手に画面を忙しく動かしています。

大人ばかりではありません、子どももお年寄りも同じような状態です。

春風駘蕩などという状態からは遙かに遠い光景です。

現代人の最大のストレスは時間です。大脳が発達したお陰で、動物にはない、時間という概念が人間社会に入ってきました。江戸時代なら一分、一秒を争うことなど滅多に起こらなかったでしょう。現代は違います。子どものときから、早くしないと学校に遅れるとせっつかれます。試験がはじまれば時間内に終わらせなければ水の泡になってしまいます。会社に入ればそれこそ一分一秒の戦いがあります。電車に乗るにもバスに乗るにも分単位、秒単位で動いています。まさに時間が最大のストレスになっています。

時間時間に追われている現代の生活ですが、ちょっと立ち止まってみましょう。心だけでも、春の田舎道をのんびりとゆったりと歩いているような気持ちになりたいものです。

春の田舎道。タンポポが黄色の花をつけています。モンシロチョウがひらひら舞っています。つくしが顔をだしています。小川にはオタマジャクシが泳ぎはじめました。空からヒバリのさえずりが聞こえます。

田舎に行かなくても、そんなことを心に描いて、のんびりとした気持ちで街を歩くのもいいのではないでしょうか。そんなことしていたらスマホは落とすは他人にぶつかるはで大変なことになるよ！　と叱られそうですが……。

短い一生です。もう少しのんびり生きましょう。「春風駘蕩」。よい言葉です。

恬淡明朗溌剌颯爽

二字熟語を四つ並べた「恬《てん》淡《たん》明《めい》朗《ろう》溌《はつ》剌《らつ》颯《さっ》爽《そう》」。天風の口癖のような言葉です。天風の生き方そのものをずばりと言い表している名言です。私もこの言葉が大好きです。この言葉どおり生きたいなと思っています。

広辞苑的に分解してみると「恬淡」とは、あっさりしていて名誉、利益に執着しない様です。天風にもというか、天風だからこそ欲はたくさんありました。その欲は向上心という欲です。世の中をよくしようという欲です。

天風は「欲を捨てろ」とは決して言いませんでした。**「捨欲と思うことそのものが、もう欲ではないか。欲を捨てるのではなく、正しい欲を持ちなさい」**と言いました。

「恬淡」とは欲をもたないことではなく、名誉欲や利益欲をもたない状態のことです。まさに天風の好む言葉です。

「明朗」はこだわりがなく明るく朗らかなことだとあります。

「溌剌」きびきびとして元気のよい様です。

「颯爽」は人の姿、態度、行動がさわやかで勇ましい様です。これもまさに天風にふさわしい言葉です。さわやかさだけでなく勇ましさがそこにあるのが「颯爽」です。

少々悩みがあっても、少々金がなくても、税務署に追われていても、熱があっても、腹が痛くても、死にそうでも、それでも、そんなときこそ「恬淡明朗溌剌颯爽」です。天風の声が聞こえてきます。

「もうだめだー、まいったー、助けてくれー、神様ーなどと泣き言いうな。そんなのは人間として恥ずかしいんだぞ。万事休すの状態でも『恬淡明朗溌剌颯爽』で生きるんだ！」

八面玲瓏磨ける鏡のごとし

これは、「はちめんれいろうみがけるかがみのごとし」と読みます。

八面とは周囲ぐるり、どこから見ても、という意味でしょう。どことは、心をどこから見ても、ということです。心に一点の曇りもなく、磨きに磨いた鏡の如く澄み切った状態を表しています。心が澄み切るとは、心が何物にも囚われていないことです。天風は、「**どんな物事に対応するにも常に意識を明瞭にしてこれに接することが大切だ**」と、口を酸っぱくして話していました。

自分はいつも澄み切った状態で物事に応対しているぞ、と思う方もおられるでしょうが、どうしてどうして、一つのことをしながらあれやこれや、いろいろなことを考えているものです。

尾籠な話ですが、排便しながら排便のことだけを考えているでしょうか。あれやこれや色々なことが頭を巡っているのではないでしょうか。排便がスムースにいかないときは尚更です。様々なことが頭の中をぐるぐると回っているのです。排便だけに心を集中していないと、出るものも出なくなります。本を読んでいるときはどうでしょうか。本だけに集中していますか。読みながらあれやこれや考えていないでしょうか。ご飯を食べながら、同じようにあれやこれや頭の中に妄想が浮かんできませんか。

本を読むときは本を読む、食事をしているときは食事をするのです。

ハワイのマウナケアにある日本の天文台すばる望遠鏡がなぜ優れているのか。それはまさに八面玲瓏磨ける鏡だからです。その磨ける鏡にぴたりと照準を合わせることができるから、はるか数億光年先の宇宙が望めるのです。

人はちょっとしたことで動揺します。事あっても事なしの如く振る舞うには、心を磨ける鏡の状態にすーっと入っていけるかどうかです。できそうでいてなかなかできません。だから修行なのです。

信念だぞ！

天風哲学の中で最重要とも思える言葉、それは「信念」です。信念を作らせるため、天風はあの手この手で私たちを導いてくれました。導きの究極は信念です。

しかし、信念という言葉ほど難しい言葉はないように思います。

世間でも、「もっと信念を持て！　信念がないからだ！」等々、日常的に信念という言葉が使われています。信念が大事だということは皆わかっていますが、さて、信念。信念とはなんだろう？　考えれば考えるほどわからなくなります。

信念をわかりやすく説くとこうなります。

夜、布団に入ります。寝ている間に天井が落ちてくるかもしれません、床が抜けるかもしれません、明日の朝、死んでいるかもしれません、でも、ほとんどの人はそんなことは微塵も考えずに床に入ります。それは信念があるからです。なにも起こらないだろう、明日無事に目が覚めるだろうということが信念化されているからです。

電車に乗る場合も同じです。なにも考えずに乗り込みます。この電車が目的地に連れて行ってくれるという信念があるからです。

「自分の親を、これ本当に自分の親かいな、と思う人はあまりいないでしょう」と天風は言いました。

この人は自分の親だという信念があるからです。

何も考えずに無邪気に床に入る、電車に乗る、親だと思う。それは眠り、電車、親に対して信念があるからです。しかし、すべてのことに信念をもっているかというとそうではありません。

死に対して信念はありますか、生きることに対して、健康に対して、商売に対して、学業に対して、なんにでも信念があるなら立派な人間です。しかし世間の多くはそうではありません。人間は死ぬものだ、自分もいずれ死ぬのだ、なにが怖いことあろうか。本当にそういう心境でいられれば、死に対して信念があるといえます。

でも、ちょっと熱があるとすぐに心配し、薬だ医者だ病院だと騒いでいませんか。それは、自分の命に対して信念がないのです。膝が痛かろうが腰が痛かろうが、病院のビの字も思い出さないで平然としているならば信念があるのです。

商売に対して、儲かるだろうか、お客は来るだろうか、倒産しないだろうかと考えていませんか。儲かるも儲からないも、そんなことは頭に一つも浮かばない、これで世の中に役立とう、人に喜んで貰おうと日々精を出してニコニコと商いをしているならば、自分の商売に信念があるのです。

なにが起ろうが、自分は間違ったことをしていないという信念があればびくともしません。「自分は間違ったことをしていない」と言いつつビクビクしているなら、信念がないことになります。

信念を作るために、天風は様々な方法を教えました。もちろん、天風の教えをもってしても、信念が一朝一夕でできることはありません。だから毎日修行するのです。何事に対しても信念が作られれば、もう鬼に金棒です。幸せな人生が待っています。信念を作るということとは幸せな、生き甲斐のある人生を作り出すいちばんの近道なのです。

天風の最も愛した直弟子であり、天風の手となり足となって天風会のために尽力した杉山彦一先生（四代目天風会会長）が、若き頃、天風に尋ねました。

「なんのために修行するのでしょうか」

天風、即座に「信念を渙発するためだ」と答えたそうです。

「信念を出したかったら雑念妄念をとらなければだめ。雑念妄念をとるにはしっかり統一道をし、その上に安定打座（天風式座禅）と同時に昼間の行動が重要。明るく朗らかにいきいきと勇ましく、不平不満を言わない。常に感謝の心、何があっても感謝で生きろよ」

また別なところで天風は、「もう一つ知っておかなきゃならないことがある。信念は今聞いた通り非常に大事なものであるけれど、信念の本当に究極されたる心の状態と、なんにも考えない無念無想と一致してんだぜ。だから観念要素をしていって、そうしてどんどん心の中の垢汚れがとれちまうだろう、そうするとね、信念ていうとどんな気持ちだというとね、何事に対しても疑いの気持ちが出ない気持ちなんだ。ところがその信念だという状態が究極していくてえと、疑うとか信じようとかいう気持ちがなんにもなく、なーんとも考えないんだよ。事あるも事なきも事なき日のそれの如く、晴れて良し曇りて良し不二の山。そうなったら信念究極した時なんだぜ。究極してしまうてえと、信念があるとかないとか滑ったとか転んだとかなくなっちまうんだよ。わかったか?」とも言いました。

信念、簡単そうでなかなか難しい問題です。さあ信念の渙発に向けて日々努力です。

「いざ土壇場になった時、お前を救うものは知識でもなければ、理屈でもないよ、信念だよ」


思わじと思うがものを思うなり 思わじとだに思わじやだど

これは随変流の極意を歌にしたものです。

随変流は九州柳川に伝わる剣法です。天風の流派です。天風というのはこの随変流の中の抜刀術の一つ「天風《あまつかぜ》」に由来したものです。刀を抜くときは腰を後ろに回さないと抜けないものですが、腰を回さないで刀を抜く術が「天風」です。これを見事にするものですから、頭山満翁が「今後は天風と名乗れ」、と言ったという逸話が残っています。

この歌も天風が随所で紹介しています。

「思ってはいけない、思わない思わないと思っているうちは、心が思わないということに囚われている、思わないとも思わないのが大切なんだ」

思わないときは思わないということができるように心に修行を与えよ、と諭しています。

これができると天馬空です、決して負けない剣ができるのです。

同じことを歌った歌で、

「忘れじと　覚えしうちは　忘れけり　忘れて後が　忘れざりけり」

という歌も同時に紹介しています。忘れてはいけない忘れてはいけないと、忘れてはいけないということを覚えているうちは忘れてしまうものだ。忘れてはいけないということを忘れてしまうと忘れないものだ、ということです。

うーん、禅問答ですね。

運動したくないときはしなくっていいんだぜ

決めたことだからと運動したくないときにも無理矢理運動している人がいます。天風は言います。「**運動したくないときはしなくっていいんだぜ**」。

そうです、したくないならしないほうがいいのです。してはならないと思うから、身体はしたくない気持ちを出しているのです。無理にすると差し障りがあるから、身体はしたくないと言っているのです。

それなのに、決めたことだからと無理矢理することは身体によくありません。決めたことだからやるのだ、ということを積極と捉えている人がいますが、それは積極ではありません。執着です、我執です。マイナス思考です。囚われなのです。したくないときは決めたことでもしないのは勇気です。それくらいの余裕がほしいものです。

食事も同じです。しばしば決められた時間通りに食事をすることを自慢する人がいますが、時間通りに食事を摂ることは自慢になりません。食事は食べたいときに食べるものです。おなかが空いたときに食べるものです。時間で食べるものではありません。おなかが空かないのに時間だからと食べるのは、あまりにも杓子定規というものです。

「規則正しいなどというのはなんの自慢にもならない」と天風は言います。

肩肘張らずに、のんびりいきましょう。

天風はもう一つ付け加えています。**「毎日していることをしないと、なんだか気持ち悪いという人がいるが、しないからといって気持ちが悪いというのは間違いだぞ」**と。

そうです、してもしなくても気持ちは同じ、これが大切なのです。

「健全な精神は健全な肉体に宿る」は間違い

健全な精神が健全な肉体の持ち主だけに宿るとしたら、人一倍素晴らしい肉体をもっているアスリートはみんな健全な精神の持ち主ということになります。

でもそんなことはありません。

頑丈な身体をもつ野球の選手が、お守りを幾つもぶらさげてバッターボックスに立っているのはなぜか。心が弱いからお守りをもつのです。お守りに頼るのです。健全な精神とはいえません。**「ホームラン打ったらどのお守りに礼を言うのか、三振したらどのお守りに文句を言うのか」**と天風は言っていました。

屈強な肉体の持ち主であるはずの相撲取りが、締め込みにお守りをいれて土俵に上がります。**「お守りが相撲とっていやがる」**と天風は笑っていました。

人一倍健全な身体をもっているアスリートが違法ドラッグをやったり、暴行事件を起こしたりもします。

成績が悪いと見るも無惨なほど落ち込む選手もいます。

ここぞというときにすっかり心がうわずってしまい、失敗するアスリートは数限りなくいます。心が平常心を保てないのです。心が健全ではなかったのです。

健全な肉体に健全な精神が必ずしも宿らないという証拠です。

パラリンピックなどを見ていると、肢体は不自由でも、目が見えなくても、自分に科した訓練を強い意志でやりきり素晴らしい成績を残すアスリートがいます。凡人なら必ず緊張してしまう場面でも、平然と自分の力を出し切る人もいます。肉体が病に犯されても、死にそうでも笑ってプラス思考で前向きな人もいます。健全な精神が健全な肉体を作ると言い換えた方がはるかに真実に近いといえます。

「健全な精神が健全な命を作るんだ。本当はsound mind sound life なんだぜ」と天風は言います。

そうです、健全な精神が健全な肉体を作り、健全な命を作り、健全な人生を作るのです。

病むということは己の生き方に間違いがあったから

天風は講演の中で次のように言っています。

「間違いがあったのを、天は言葉がないから『貴様の生き方は、病は、間違いがあったからなったんだよ』と言って下さらないから、間違った道を行っているぞということを事実で過

ちを改めるように、つまり結局教えて下さっている。してみりゃ有り難いじゃないか。まだ生かしてやりたいからお前が間違っているということを教えて下さっている。自分の心がけが悪かったのだ」

風邪一つひくのだって、風邪を怖がる気持ちという間違いをもったから、自然治癒力が弱まり、ひいたのです。喉が痛くなった、洟《はな》水がでたとき、あれ、自分はなにか マイナス思考をしたかな？ と振り返る必要があります。心になにか弱気を起こしたから風邪をひいたのです。

下痢するのだって「これ大丈夫かな」とおどおど食べるから下痢するのです。おどおどする心は間違いの心です。そう思わなくても下痢するのは、普段の心にマイナス思考があって、自然治癒力が正常に働いてくれないから下痢するのです。

本来、生物は病が出ないようにうまくできています。しかし人間は、水を汚し空気を汚し、食物も汚しに汚しています。汚すだけでなく、人間という生物に必要のないものまで食べます。夜更かしをしたり、本来の生物にはないような生活をしています。そうして、本来、自分の命を守るはずの心をわざわざマイナス思考にして、自然治癒力を弱めています。これを**「己の生き方に間違いがある」**、というのです。

間違いのない生き方とはどういう生き方なのかを学ぶ必要があります。学び、それを実行する必要があるのです。

急性病なんてないんだよ

私にはこの言葉がなかなか理解できませんでした。急性病がないってどういうこと？　風邪だって気管支炎だって肺炎だって、下痢も嘔吐も発熱だって、みんな急性病でしょう？　と思っていました。でも、それが間違いなのです。

平熱よりも熱が高い、咳が出る、下痢をしているというのは、発熱、咳、下痢という症状であって、そういう症状を出しながら、身体は命を守っているのです。熱や咳や下痢は病ではなく、病を治している治癒過程に起こる身体の反応なのです。健康体だからこそ起こる正常な反応です。その身体の反応を称して症状といい、症状が出ている状態を急性病と呼んでいますが、病ではなく症状なのです。症状とは命を守るための症状・状態であって決して病ではないというのです。その症状が出ているときは既に治癒過程に入っているのです。症状を出して命を守っているのです。症状は病ではないのです。命を守る自然治癒力が働いている状態なのです。その大切な熱や咳や下痢を急性病だと思って、化学薬品で止めたらだめですよ、余計に悪くなりますよ、急性病というのはないのですよ、と天風は教えているのです。

下痢をしているとき、世間では、おなかを壊したと言いますが、おなかは壊れていません。正常だから、下痢を起こして悪い物を外に出す働きを立派に行っているのです。自然治癒力が働いたのです。ただし天風は、これを自然治癒力と言わず**「自然良能力」**と言いました。

血圧をやたらに気にする世の中になりましたが、これも間違った考えが横行しています。間違った考えを故意に流布させていると言ってもいいでしょう。

人間は立ち上がったほ乳類です。立ち上がったということは重力に逆らって生きていかなければならないということです。私たちが住んでいるこの小さな惑星にも重力があります。その重力に逆らって生きているのが人間、ホモサピエンスです。心臓から頭のてっぺんにまで血液を送るには、重力に逆らわなければなりません。そこで血圧を上げるのです。人間は立ち上がって、血圧を高く設定して生きていく道を選んだのです。血圧を上げて命をまもっているのです。

加齢とともに動脈硬化が起こります。動脈硬化が起これば、若いときと同じ血圧では頭のてっぺんに血液を送れません。そのために身体は血圧を上げるのです。死なないために血圧を上げて命を守っているのです。高齢者は血圧が高くて当たり前なのです。それなのに血圧が高いと命に関わると盛んに脅しをかける人たちがいます。医療界です。脅しをかけたほうが儲かるからです。薬が売れるからです。不安を与えれば患者が増えるからです。命はわざわざ血圧を上げて命を守っているのに、それを高血圧症と呼び「症」のつく立派な「病」に仕立て上げました。怖い怖いと脅しをかけて薬を飲むように勧めます。おかしいと思いませんか。インフルエンザになれば熱が出ます。これも命を守るためです。血圧も同じこと、身体は血圧を上げて命を守っているのです。

身体がしていることはぜーんぶ、ぜんぶです。すべて命を守るための行動なのです。

「先生、頭が痛いんです、血圧が二〇〇なんです」と言って診察室に飛び込んで来る人がいます。血圧が高くなったから頭が痛いのではないのです、頭が痛くなるようななにかが頭の中で起こり、頭が痛くなったから血圧が高くなったのです。

身体は血圧を上げて頭の痛みを治そうとしているのです。血圧は原因なくして上がりません。上がる理由があるのです。なのに血圧が上がったから頭が痛いんだと患者さんも医者も思っています。身体はなんの理由もなく血圧を上げるような真似はしません。すべて因果応報、原因があって結果があるのです。

悪いのは結果ではなく原因です。しかし今の西洋医学は原因ではなく結果だけ叩こうとします。なぜ熱が高くなったのか、なぜ下痢をしたのか、なぜ血圧が上がったのかを考えようとしません。これを対症療法といいます。天風はこの対症療法一辺倒の医療をこっぴどく批判していました。

自然界で産まれた私たちの命、自然から離れて生きることはできません。

天風は次のような言葉も残しています。

「自然にしたがう（順応する）ものは自ずから栄え、自然に反くものは自ずから亡ぶ」

ついでにもう一つ、天風の言葉です。

「病は怖ろしきものならず。これを怖れる心こそ怖ろしい」

病なんてものは忘れちまえば治る

これも、なかなか胸にストーンと落ちそうで落ちなかった言葉の一つです。

病は忘れると治る。うーん……。

身体の中には自然治癒力があります。「それぞれの身体の中には百人の名医がいる」という言い方がありますが、本当にそうです。

膝小僧の擦り傷一つとってみてもわかるように、擦りむいて血が出ていても、いつの間にか瘡蓋《かさぶた》ができて血が止まり、ばい菌の侵入を防ぐバリアーができて、いつの間にか元の皮膚ができていきます。皮膚科の名医、感染症の名医が身体の中にいるのです。擦り傷を気にして、瘡蓋をいじくり回していたらなかなか治りませんが、忘れているといつの間にか治っています。どうしょうどうしょうと心がマイナスになっていると、自律神経を介して治る力、すなわち自然治癒力の働きが弱められることは現代の科学が証明しています。

これを天風は犬と人間の傷の治り方で説明しています。

インドで修行中、天風の師匠が、犬の前足をナイフでさっと切りました。同時に天風の腕もナイフで切りました。そうして、「さあ、どっちが早く治るか競争してみようじゃないか」と言いました。

このとき天風は、**「ひでえことしやがるなこの野蛮人は」**と思ったそうです。

そうして一週間後、犬の切り傷はもうすっかり治っていました。

ところが天風の傷はまだ治っていません。治っていないどころか少々化膿さえしています。

それを見て師匠はこう言ったそうです。

「なぜ犬の傷は治ってお前の傷は治らないのか。犬は切られたときはキャーンと鳴き、あとは傷口をぺろぺろと舐めただけだ。だがお前は、傷をずっと気にしていただろう、化膿しないか、心配していただろう。それが犬とお前の差だよ」

天風は**「なるほど心だな、気にしていたから自然治癒力が弱ったんだ、犬は気にしてないもんな」**。そう気付かされた、という話を天風はしていました。

犬でさえ病を気にしていないのです、犬だから気にしないのではありません。犬でさえ気にしないのです。さあ、犬に負けないようにしましょう。

「病なんてものはだね、忘れちまえば治る！」

名言ですね。

医者が治すんじゃないんだぜ

病を医者が治していると思ったら大間違いです。医者は治していません。治すお手伝いを、それもほんのちょびっとしているだけです。自分の身体の中に生まれつきもっている自然治癒力という絶大な力で、自分自身で治しているのです。下痢をしても肺炎になっても、心筋梗塞になっても自分の力で治しているのです。

脳梗塞、心筋梗塞で詰まった血管を身体中の自然治癒力を総動員して再開通させたり、再開通できないとわかれば小さなバイパスを無数に造り血液の通り道を確保します。これはみんな自分の中にある力がやってくれていることです。医者がやっているのではないのです。

骨折で考えてみてください。複雑骨折なら、折れた骨を元の位置に戻すことは医者がやりますが、折れた部分をくっつけるのは自分です。自分の身体の中にある再生能力がくっつけてくれるのです。整形外科医が骨をくっつけているのではないのです。

膝が痛いとやってくる患者さんがいます。医者がする医療は痛み止めの薬やビタミン剤を出すだけです。電気をかけたりもしますが、痛みの元が治癒したわけではありません。痛みがなくなったとしたら、それは自分が直したのです。

胃潰瘍だって、医者が穴を塞いでくれるわけではありません。いくら医者が胃薬を投与したとしても、胃の穴を塞いでくれるのは自身がもつ自然治癒力です。

そこで**「医者が治すんじゃないんだぜ」**という言葉が出てきます。

医者、医療を過信しないことです。

自分の大切な命を医者に預けないことです。

心を病んでくると、それを病だと思って精神科や心療科に行きます。それはほとんど病ではないはずです。心の問題です。病だから医者にかかるのが当然だと思ってしまうところに問題があります。どうして自分の大切な命を、もしかするととんでもない医者かもしれない他人に預けるのですか。

皆さんが思うほど、医者は人間的にも医学的にも優れていません。自分の命は自分が守るのです。他人に預けない、預けっぱなしにしないでください。ほんのちょっとアドバイスをしてもらおうくらいの軽い気持ちでかかるならまだしも、すべてを預けないことです。

それに、医者にかかれば必ずといってよいほど薬が出てきます。あれやこれや訴えれば訴えるほど薬の数はどんどん増えます。それを呑めば治る、などと思ってはいませんか？　薬に頼らないで自分で治すのだ、是非そう考えてみてください。

心配して生きても一生、心配しないで生きても一生

胃癌になったという天風会の会員が天風のところに相談に来ました。

「ばかばかしいから神経衰弱のような気の弱さを持たないこと。すぐわかるじゃないか。心配して生きても一生、心配しないで生きても一生じゃないか。どうだい、胃がんになってもならなくてもおぎゃーと生まれたもんは死ぬんだからな。むしろ今まで生きてんのがありがたいと思え。だから今日から病のこと忘れな。忘れると約束できるか」

「いたします」

「いたしますだけじゃだめだよ、ほんとに忘れなきゃ。まあ忘れてみな。忘れても忘れなくても死んじまうとしたら忘れたほうが気楽でいいだろう。死ぬことは死んでからゆっくり考えろよ」

別の講演で、次のような話もありました。

「いいかい。自分の心にしっかり鍵をかけなさい。なんのことはないビクビク、そーりゃもうセカセカ。人生を少しもゆったりとした気分でもって生きられなきゃしょうがねーじゃねぇか。どっちにしたって人生、時が来れば死ぬんだから。死ぬことは死んでからゆっくり考えろ。生きてる間は、ねー、ピチピチと生きてる精気を、発動しながら生きましょう。そりゃーもう人間だもの、けつの痛いことも頭の痛いこともあらーな。そんなことは気にする必要はねえんだろう、そうだろう。生きてさえすらいいんだから。生きてさえすら」

そうです、生きてさえすればいいのです。生きていることに感謝です。

生きたいと思っても生きられない人がどれだけいるか。

今日この日だって、朝、目が覚めようと思っても覚めなかった人は日本にも数千人います。今朝、運よく目が覚めても、明日、目が覚めない人も数千人います。そう思うと、生きてこの世にいることは素晴らしいことです。生きていればこそ。道は無限に拡がっています。

風邪一つひかないのが本当の健康なんだよ

天風は「**風邪一つひかないのが本当の健康だよ**」と言います。

健康の定義はいろいろありますがこれはわかりやすいですね。

一年に二回も三回も風邪をひいている人が、私はどこも悪くないから健康だと言いますがちょっと違うように思います。一年に二回、三回でなく、毎年一回でも風邪を引いて熱を出すようなら本当の健康体ではないでしょう。

慢性病や他の疾患がないから健康体というのではありません。血圧が少々高かろうが低かろうが、そんなのは病ではありません。同じように血糖でも尿酸でも、肝機能値が少々高かろうが低かろうが、そんなのは病ではありません。病だと思い込んでいるだけです。

ちょっとしたことですぐに風邪をひく、ちょっとしたことですぐお腹を壊す。なにかにつけだるいだの疲れただの、頭が痛いだの、眠れないだの、食欲がないだのというのは健康体とはいえません。

本当に風邪をひかない人を見ていると、少々なことでは下痢もしないし、疲れも感じない、頭も痛くなりません。そういう人は、そもそも風邪を引いたらどうしようなどと気にすらしません。予防注射など頭の隅にも出てきません。

冬、寒風の中でノコギリを使っている大工さんがいました。思わず「風邪ひきませんか？」と聞いたところ、その大工さんは言いました「私は風邪はひかないことにしている」。大工さんはさらにこう続けました。「私はノコギリは引くが風邪はひかない」。

こういう人こそ、健康体そのものの持ち主です。

私が駆け出しの頃のことです。同じことを小児科の老先生に聞いたことがあります。小児科ですから、冬はインフルエンザの子どもで溢れかえっています。狭い診察室はインフルエンザのウイルスで一杯です。老先生はそこに一日中いるのです。喉を診ようものなら口を開けた途端にハークッションと、まともにウイルスを吹きかけられます。医者というのは危険な仕事ですね。私は思わず聞きました。

「先生、風邪はおひきになられませんか」

すると老先生は答えました。

「私は風邪はひかないことにしているんです」

すごい！　と思いました。

それ以来、私も真似をして、風邪はひかないことにしています。もちろん、予防注射もしませんし、風邪薬も飲みません。診察のときマスクもしません。

水くらいかぶりなさい

健康になりたい、身体を丈夫にしたいと言いながら、身体になんのよいこともしないで丈夫になったり健康になることはありません。身体には身体によいことをしましょう。

簡単なのは、乾布摩擦です。といっても現代の若者はあまり知らないかもしれませんね。乾布摩擦、読んで字の如く、乾いた布で皮膚を摩擦することです。布は、タオルより日本手ぬぐいのほうがいいのですが、タオルでも構いません。朝着替えるとき、手ぬぐいで手の先から足の先までごしごしと赤くなるくらい擦るのです。夜、寝る前にまた擦るのです。一分も擦れば充分です。そうすると皮膚が丈夫になり、ひいては身体全体が丈夫になります。昔の子どもはみんなやっていたことですが、いつしかやる人も少なくなりました。これでは身体は弱くなるばかり。インフルエンザごときに怯える情けない世の中になってもしようがありません。

夏なら冷水摩擦です。水を絞った冷たい手ぬぐいで身体を擦るのです。手拭いなんて生ぬるい、性に合わないという人は水をかぶりましょう。夏からかぶっていれば秋、冬にもかぶることができます。天風は真冬でも水風呂に入っていました。

「水くらいかぶりなさい」なのです。年寄りの冷や水などというのは弱々しい年寄りのいうことです。年寄りだって若者だって、かぶるのだ！　という気概さえあれば真冬だってどうってことありません。それを、水なんてかぶったら風邪ひいちまう、心臓麻痺おこしたらどうするどうするなどというのは世迷い言です。健康で長生きなんてできっこありません。風邪をひいたらどうしようという気持ちが風邪をひかせるのです。心臓麻痺起こしたらどうしようという気持ちが心臓麻痺を起こすのです。

「水をかぶるから健康になるんじゃないぜ。水くらいかぶってやろう、という気持ちが健康を作るんだぜ」

さあ、明日から乾布摩擦です。たったの一分です。一分が作れないことはないでしょう。できないのはやらないからです。ようするに、鍛錬です。鍛錬なくして健康はやってきません。弱音は向こうにおいておきましょう。勇気をもってやりましょう。

足腰が弱くなったと感じられるならスクワットでもやりましょう。一日一〇回でも二〇回でもいいのです。

天風は九〇歳を過ぎても、その場駆け足を毎日五〇〇回していました。

食細うして命長し

天風は食べ物についてもよく話をしました。

「下を向けないくらい食うなよ。人間は理性だけで食べるからいけないのだ。あればあるだけ食べようとする、それじゃいけないのだ。食細うして命長しだぞ」

天風の食の基本は植物性です。動物性の食品は極力食べないことです。魚だからよいというものではありません。魚も動物性です。卵も牛乳も動物性です。牛肉は人の精神精力を阻害するので決して食べるなと言っていました。ふぐも食べてはいけないとも言っていました。今、毒にやられなくても将来、その毒で寿命を短くするぞと言うのです。

今の科学でその良し悪しを判断できません。天風はそう言ったということです。掴まえて食べようとすると逃げるもの、鳴き声を上げるものは食べるなということです。動物性のものを食べたら長生きする、身体によいという考え方もありますし、植物性がよいという考え方もあります。肉食をするようになってから病が増えた、癌が増えたという説もありますが、とにかく言えるのは、食べ過ぎないことです。

長命の高僧はおしなべてベジタリアンです。一〇七歳で亡くなった清水寺の管長大西良慶師は粗食も粗食、完全な菜食主義でした。煮干し一本食べなかったそうです。それでも亡くなる前日まで元気だったそうです。

天風は **「腹八分目に病なし」** とも言っていました。果物が一番身体によいのだと、果物を食べることを推奨していました。食べ物をよく噛んでゆっくりと、感謝して食べなさいとも言っていました。

天風が講演の中で使った歌、俳句

天風は講演の中で、天風哲学をなるべくわかりやすく伝えるために、自作のものの他に、古今の歌、俳句、諺などを引用し、巧みに使いました。本書でも紹介してきましたが、私がこれまでに収集したものを整理してご紹介します。

天風先生御歌(五〇音順)

・ありのままに　われある世とし　活き行かば　悔ひも怖れも　何ものもなし
（大正末期の作）「哲人哲語」P135

・ありのままに　我ある世とし　生き行かば、悔いもおそれも　なにものもなし
「心に成功の炎を」P413（昭和皇后が好まれた歌）

・あるがままに、われある世とし　活き行かば　悔ひも怖れも何ものもなし

・あるがままに　われある世とし　活き行ば　悔いも怖れも何ものもなし
新箴言注釈 No.18 最後尾

・安定の　打坐密法の真諦は　心耳を澄まし　空の声きく

・悲しくば　明日悲しまめ　今日の日は　光うるおしく　吾を照らすも

天風誦句集（一）

修練会「運命の誦句」

・剣聖の　訓へによりて　焚きし飯　禅味ゆたかに　力涌き出づ

埼玉県小川町　割烹旅館二葉

・心をば　虚空の外に　置きかえて　五感気にすな　打坐の妙法

・心をば　静かに澄ます　空の空

天風誦句集（一）

・この国に　うまれし人の　ほこりかな

・すなおなる　おさな心を　いつとなく　忘れはつるか　惜しくもあるかな

（寿なほなる　おさな古ころを……）

・日出つる国に生まれて男かな（１９４０年）

・ひたすらに　人の世のため　活きなんと　思う命に　光あるかな

「真人生の探究」P311

・ひたむきに　人の世のため　尽くさんと　思ふ心に　光あるなり

「箴言註釈」P242

・人各々運命《さだめ》に生くる一代（一世）となれば　心おほらかにすごさむものを

・人はみなさだめに活くるひと世と知らば　心おほらかに　すごさんものを
「箴言註釈」P146
・ふたたびは　来らぬものを　きょうの日は　ただほがらかに　すごしてたのし
「箴言註釈」P145
・ふたたびは来らぬものをきょうの日は　ただほがらかに活きてぞたのし
「哲人哲語」P150
・世の中に　右も左も　なかりけり　真中一筋　誠一本
神戸講演（1966年8月6日）

天風が引用した歌、俳句、諺

俳句＋和歌　53首
免許皆伝シリーズ＋十牛訓

あ行

・明日有りと思う心の仇桜　夜半に嵐の吹かぬものかは

親鸞「盛大な人生」P208

・あら楽や　虚空を家と　住みなして　須弥《しゅみ》を枕に　ひとり寝やせん

一休禅師「盛大な人生」P298

・安定いづくんぞ山水をもちいんや　心頭を滅却すれば火もまた涼し

快川国師

・生きながら　死人となりて　なりはてて　思いのままに　するぞよきかし

沢庵和尚

・急がずば　濡れざらましを　旅人の　後より晴るる　野路の村雨

「真人生の探究」P186

・今いまと　今という間に　今ぞなく、今という間に　今ぞ過ぎゆく

「新箴言注釈９」「真理のひびき」P89

・今は今　今という間に　今はなし　今という間に　今は過ぎゆく

修練会「運命の誦句」

・憂きことの　なおこの上に　つもれかし　限りある身の　力ためさん

熊沢蕃山「真人生の探究」P127

・思う事　一つかなえばまた二つ　三つ四つ五つ　六つかしの世や

昔の道歌「新箴言22」

・面白き　こともなき世を　おもしろく　住みなすものは　心なりける

・思わじと　思う心は思いなり　思わざりせば　思わざるなり

「研心抄」P249他

か行

・元日や　冥土の旅の　一里塚

一休禅師

・来てみれば　さほどでもなし　富士の山

50周年テープ。「志るべ」2011.8.P18　心身統一法入門編ＣＤ第２巻

・気に入らぬ　風もあろうに　川柳

・根を据えて　風にまかせる　柳かな

俳聖青莪「箴言註釈」P6

・昨日まで　人のことかと思いきや　今日は俺のことかよ　こいつぁたまらん

・昨日まで 人のことよと 思いしに 今日は我が身か こいつ たまらぬ

一休禅師

・切り結ぶ　太刀の下こそ　地獄なれ　身を捨ててこそ　浮かぶ瀬もあれ

一休禅師

剣道道歌　詠み人知らず「心に成功の炎を」P126 ~ 131

・雲もなく　月もかつらも木も枯れて　はらいたてたるうわのそらかな

一休禅師　「成功の実現」P302

・心こそ　心まよわす　心なり　心に心　心許すな

古い道歌「成功の実現」P89 他

・心だに　誠の道にかないなば　祈らずとても（や）神や守らめ

菅原道真「心に成功の炎を」P26

・ここをしも　悟りの峰と　思いなば　迷いに下る　はじめなりけり

さ行

・さしあたる　その事のみを　ただ思え　過去は及ばず　未来知られず

古歌「真人生の探究」

・悟りとは　悟らで悟る　悟りなり　悟る悟りは　夢の悟りぞ

「自己陶冶と潜在意識」「志るべ」

・座禅せば四条五条の橋の上　行き交う人を深山の木に見て

・座禅せば四条五条の橋の上　行き交う人をそのままに見て

・敷島の　大和の国は　言霊の　たすくるくにぞ　真幸《まさけ》くありこそ

柿ノ本人麻呂（万葉集）「志るべ」2012.2 P15

・志るべする　人をたよりに　わけいらば　いかなる道や　ふみ迷うべき

明治天皇（明治38年）機関紙「志るべ」の元になった歌。志るべ創刊号にあり

・染めいだす　人はなけれど　春来れば　柳は緑　花は紅

「盛大な人生」P303

・染めねども　山は緑に　なりにけり　おのがいろいろ　花もなきなり

「盛大な人生」P303

た行

・誰がために　燃ゆる谷間の　紅葉かな

真理瞑想補正行修会（京都）「欲望とその操縦法」1968.10.13

・たちむかう　人のすべてを鏡とし　悪しきは捨てよ　善きに倣《なら》いて

道歌「哲人哲語」P196 他

・たちむかふ　人のこころは　鏡なり　おのが心を　うつしてや見ん
幕末の宮司黒住宗忠翁（岡山）「箴言註釈11」P110

・旅に病んで　夢は枯れ野を　駆けめぐる
芭蕉

・達磨さん　ちょいとこっち向け世の中は　月雪花に酒に女だ
「成功の実現」P24

・散る桜　残る桜も　散る桜
良寛辞世の句　「心に成功の炎を」P238

・どの道を　行くも一つの　花野かな
「新箴言注釈９」「真理のひびき」P88

・ともすれば　おこたりがちに　なるものぞ　こころすべきは　こころなりける
「箴言註釈３」P26・「箴言注釈20」P185

・ともすれば　思はぬ方に　移るかな　心すべきは　心なりけり
明治天皇御製

・ともすれば　思わぬ方に　はしるかな　心すべきは　心なりける
「箴言注釈20」P185

な行

・嘆きつつ　ひとり寝《ぬ》る夜の　明くる間は　いかに久しき　ものとかは知る

右大将道綱の母（小倉百人一首）「心に成功の炎を」P10

・為せば成る　成らぬは己が　為さぬためなり

上杉鷹山「真人生の探究」P132他

・根を据えて　風にまかせる　柳かな

・根をしめて　風にまかせる　柳かな

天風作？

は行

・初詣　念願我の　事ならず

・晴れてよし　曇りてもよし　富士の山　素の姿は　変わらざりけり

山岡鉄舟「盛大な人生」P298

・ひたむきに　人の世のため　尽くさんと　思ふ心に光りあるなり

・人ごとに　七つの癖は　あるものよ　我には許せ　敷島の道

「成功の実現」P318

ま行

・身を思う　心ぞ心　苦しめん　身を思わねば　命やすけり

「志るべ」2012.8 P19

・もの言えば　唇寒し　秋の風

松尾芭蕉「成功の実現」P132

・もののふの　矢走の渡し　近くとも　急がばまわれ　勢田の長橋

「真人生の探究」P186

・物持たぬ　袂《たもと》は軽し　夕涼み

信念の誦句（昭和43年京都修練会）

や行

・闇の夜に　鳴かぬ烏の　声聞かば　生まれぬ先の　父ぞ恋し

臨済宗　白隠禅師の言葉

・闇の夜に　鳴かぬ烏の　声聞けば　生まれぬ先の　父の声聞く

「心に成功の炎を」P372

・湯上がりの　気もちを欲しや　常日頃

「志るべ」1965.5・新箴言註釈

・夕涼み　よくぞ男に　生まれけり

「いつまでも若々しく生きる」P341

・幽霊の　正体見たり　枯れ尾花

わ行

・わがものと　思えば軽し　傘の雪

宝井其角

・忘れじと　覚えしうちは　忘れけり　忘れて後が　忘れざりけり

・我なりと　思う骸《むくろ》は　仮の我　まことの我は　御霊《みたま》なりけり

「盛大な人生」P297

・我なりと　感ずる我は　仮の我　真の我は　命そのもの

蓮如上人

「免許皆伝シリーズ」

続いて、天風が講演の中で使った、剣豪や剣道流派がそれぞれの極意を歌ったものを紹介します。非常に奥の深い言葉が並ぶ、剣禅一致の歌です。剣の技術だけを教えるのではなく心を教えるものです。じっくりと味わって、なにかを掴んでください。これからの人生のどこかで、きっと役に立つ言葉だと思います。

1　柳生但馬守

降らば降れ　積もらば積もれ　何かせん　雪のさめたる　松の葉もなし

（囚われるな、囚われないところに剣の極意があるんだぞ。技には限りがある、心が澄み切った人間には敵わないぞと、心の大切さをしめしています）

2　塚原卜伝

春雨や　草木を分けて　ふらねども　受ける形の　各がさまざま

（先に紹介した「切り結ぶ　太刀の下こそ　地獄なれ」とともに、不動心養成の歌として使っていた、天風が最も好きだった歌の一つです。わかるようでわからない、わからないようで、なんとなくわかる。これが本当に理解できれば免許皆伝です）

3　柳生十兵衛

・雲晴れて　後の光と　思うなよ　もとより空に　ありあけの月

4　一刀流

・武士《もののふ》は　生死《しょうし》の二つ　うち捨てて　進む心に　ひくことはなし

5　柳生流

・武士の　心のうちに　死の一つ　忘れざりしば　不覚あらじな

6　直真陰流

・武士の　心の鏡　曇らねば　たちおうかたき　映つしでるべし

7　示現流

・心あれば　仏も鬼に　見ゆるなり　心なきこそ　心なりけり

8　随変流

・思わじと　思うがものを　思うなり　思わじとだに　思わじやだど

9　天神真楊流（塚原卜伝の作ともされるが、天風は天神真楊流としていた）

・うつるとも　月は思わず　うつすとも　水も思わず　広沢の池

十牛訓

第一　たずねゆく　みやまの牛は　見えずして　ただ空蝉の　こえのみぞする

第二　こころざし　ふかきみ山の　かいありて　しおりのあとを　見るぞうれしき

第三　吼《ほ》えけるを　しるべにしつつ　あら牛の　かげ見るほどに　尋ねきにけり
第四　はなさじと　思えばいとど　こころ牛　これぞまことの　きづなりにけり
第五　日かずへて　野飼いの牛も　手なるれば　身にそう影と　なるぞうれしき
第六　かえりみる　遠山道の　雪きえて　心の牛に　のりてこそゆけ
第七　よしあしと　わたる人こそ　はかなけれ　ひとつなにわの　あしと知らずや
第八　もとよりも　こころの法は　なきものを　ゆめうつつとは　なにをいいけん
　　雲もなく　月もかつらの　木も枯れて　はらいたてたる　うわのそらかな
第九　染めいだす　人はなけれど　春来れば　柳は緑　花は紅
　　染めねども　山は緑に　なりにけり　おのがいろいろ　花もなきなり
第十　身をおもう　身をばこころぞ　苦しむる　あるに任せて　あるぞあるべき

慣用句・諺など

あ行

・安定いづくんぞ山水をもちいんや　心頭を滅却すれば火もまた涼し
（快川国師。甲州随一の名刹、恵林寺が１５８２年織田信長に焼き討ちを食ったとき。

100人の僧と火定した際に詠んだとされる）

・急ぎ仕事の手抜けだらけ
・一念凝っては岩をも通す桑の弓
・お金ができりゃできるほど欲が出る
・おのれに克ちあたわざる者は天下とるにあたわず
・鬼じゃないかと言われた人が早くも死んだか南無阿弥陀仏
・終わりを慎むこと始めの如くあれ

か行

・隗より始めよ
・蟹は甲羅に似せて穴を掘る
・極め能う限りは極めるがよし、さりながら極め能わざるものは信ずるにしかず
・九仞《きゅうじん》の功を一簣《き》に欠く
・食い気とかさ気のないやつはいない
・賢者脳を満たし、愚者胃を満たす
・心は現在を要す。過ぎたるは逐うべからず　来たらざるは邀《むか》うべからず

さ行

・さしあたる事柄のみをただ思え。過去は及ばず未来は知られず
・悟れば一瞬にして喜びきたり　迷いは永劫に不幸きたる
・悟れば即ち十方空なり　迷えば即ち三界城なり
・三人寄れば文殊の知恵
・自然にしたがう（順応する）ものは自ずから栄え、自然に反くものは自ずから亡ぶ
・下地はすきなり、御意はよし
・習慣は第二の天性
・十人寄れば十人十色
・食細うして命長し
・随所に主となるべし
・急いては事を仕損じる
・千丈の堤も蟻の穴から崩れる
・栴檀は双葉より芳し

た行

・大賢は愚のごとく、大人は小児のごとし

・正しき勝利は正しき出発においてすでに作られている
・玉磨かざれば光なし
・断じて行えば鬼神もこれを避く
・断じて行えば鬼神もこれを避く、陽気発する所金石も又透る
・使い果たして二分残る、金より大事な忠兵衛さん、咎人になりゃしゃんしたも、因縁づくじゃと諦めくだしゃんせ（大津絵）・哲人赤子のごとし
・天道は昭昭《しょうしょう》として個人の誠を照らす。
・天は自ら助くる者を助く
・遠き慮りなくんば近き憂いあり
・時々払拭して塵埃を止まらしむるなかれ
・友は類を以て集まる

な行

・長道は痩せ馬をえらべ
・無くて七癖　あって四十八癖
・慣れるとも狎《な》れるなかれ
・習うより慣れろ

・なる堪忍はだれもする　ならぬ堪忍するが堪忍
・成ろうより慣れろ
・寝るほど楽はなかりけり　浮き世の馬鹿は起きて働く

は行

・箱根山駕籠に乗る人担ぐ人　してまた草鞋を作る人（馬琴）
・腹八分目に病なし
・日暮れて途遠し
・人のふり見てわがふりなおせ
・人を欺くことはできる、然し神を欺く事はできない
・凡夫しばしば賢者を装う、大人の対接態度は凡人のごとし

ま行

・蒔かざれば花咲かず、実みのらず
・学んでいよいよ苦しみ、極めていよいよ迷う（孔子）
・丸い卵も切りよじゃ四角ものも言いよじゃ角が立つ
・水をよく飲む人は丈夫

・自ら省みて疾ましからずんば千万人と雖も吾れ行かん
・自ら省みて直くんば千万人と雖も我れ往かん
・味噌屋の番頭味噌臭さを知らず
・道は法を行う事に依りて達す
・三つ子の魂百までも
・盲蛇に怖じず

や行

・やはり野におけれんげ草
・湯上がりの気持ちをほしや常日頃
・勇気は常に勝利をもたらし、恐怖は常に敗北をもたらす
・夕涼みよくぞ男に生まれけり
・行くな戻るな佇むな　立つな座るな寝ころぶな
・陽気の発する処金石また透る

ら行

・労せずして得たものは失い易し

・隴《ろう》を得て蜀《しょく》を望む

わ行

・厄いは口より出で、病は口より入る
・笑う門には福来る

外国の諺など

・馬の前に車を置くな（Don't put your hors before the cart.）
・他人に疎んぜられる前に、他人を疎んずるな（エマーソン）
・血は命（Blood iz life.）
・天は自ら助くものを助く
・何もかも一番先に必要なものが必要だ
・日光の入らない家には、そのかわり医者が行く
・金持ちほど欲が深い（英国の諺）

漢詩

先天一気　即霊源
無作為而　付自然
人生亦此　制疇中
一切還元　帰大霊

大宇宙のままにする
エネルギーの中に方向性と法則性がある
死せば又　宇宙の霊の中に還って行く

（妻ヨシの墓の銘文から）

中村天風年表

私は「医師」という肩書きの他に、「中村天風研究家」「天風を世に広める会会長」を密かに名乗っています。天風の歴史を調べているうちに、いくつかの間違いが一人歩きしていることに気づきました。

これはなんとかしなくてはと、十五年ほどかけて、文献や天風の音声テープ、天風自身の言葉、歴史的にはっきりしている事件と天風の関わりなど、一生懸命調べました。もちろん、私の調べたものがすべて正しいとは思っておりません。私自身の聞き違いもあるでしょうし、文献がすべて正しいとも限りません。天風の記憶違いもあるかもしれません。まだまだ調べたりないところがたくさんあります。たくさんありますが、とても私一人では調べることはできません。

これからも多くの人とともに、正しい天風の歴史を検証していく、その第一歩になると思い、あえて私なりの調査結果として、年表を発表させていただきます。誰かが最初の一歩を踏み出さないと、いつまでも曖昧なまま世間に流れ、正しいものとして定着してしまいます。それがどうしても気になるのです。どうぞ沢山のご指摘、ご意見をお寄せ下さい。

まず、生年月日です。

天風は一八七六（明治九）年七月生まれ（享年九二歳）という記述が出回っています。しかし私の調べでは一八七四（明治七）年五月生まれ、（享年九五歳）です。天風は九五年の長寿を全うしたのです。

このことをもっと広く知って頂きたいと思っています。

天風が通った本郷の湯島小学校に残されている卒業名簿には、卒業一八八八年（明治二一）年四月・在籍七年七カ月と記されています。

なぜ、在籍七年七カ月などという半端な数字が卒業名簿にあるのか？

これは天風の歴史を調べる上で最重要な記述です。この文書が存在しているのに、考慮されないまま、天風の歴史が語られています。

一八八八（明治二一）年卒業、在籍七年七カ月。これを逆算すると、入学は一八八〇（明治一三）年九月となります。当時はほとんどの学校で九月入学が一般的でした。そうすると入学は六歳からですから、一八八〇（明治一三年）九月には六歳だったはずです。

通説どおり一八七六（明治九）年七月生まれとすると、四歳で小学校に入学したことになります。それもなったばかりの四歳です。わずか二カ月前は三歳です。一八七五（明治八）年一月には、「学齢を満六歳から満一四歳までと定める」という法令が出ていますので、さすがに四歳児の入学はないと思います。湯島小学校は九月入学でしたが、その後一八八五（明治一八）年の小学校令で四月入学、三月卒業に変更になったと考えられます。これを元にすると、六歳で入学するためには一八七三（明治六）年九月二日～一八七四（明治七）年五月の間に生まれていなくてはなりません。

天風は一八八〇（明治一三）九月に湯島小学校に入学し、一八八八（明治二一）年三月に卒業していますので、在籍七年七カ月という半端な数字の謎も一緒に解けるのです。これで一八七六（明治九）年七月生まれという説はなくなります。そうなると、生まれは一八七三（明治六）年九月二日～一八七四（明治七）年五月の間ということになります。

生まれの月日を更に絞り込む根拠のひとつが、天風の幼名「三午源の光興（さんごみなものみつおき）」です。「三午（さんご）」の由来は、自分は午（うま）の月の午の日の午の時刻に生まれたから三午だとその由来を講演の中で何度も語っています。これについては音源がたくさん残されています。

五月五日を端午の節句というように五月は午の月です。

一八八〇（明治一三）年九月一日に六歳で入学する「午の月」生まれの子は一八七四（明治七年）年五月生まれとなります。一八七四（明治七）年五月生まれですから一八八〇（明治一三年）九月一日に晴れて六歳で小学校に入学したということになります。

一八七四（明治七）年五月に「午の日」は三日あります。五月一日、五月一三日、五月二五日です。

この三日のうちのどれかであるが、これ以上絞ることができません。

天風は、午の月の午の日の午の時刻に生まれたと語っているので、午後一二時に生まれたことになります。ただし、時間までわかっていても日にちが特定できません。いずれにしても誕生月は申（さる）の七月ではなく午の月の五月です。

一八七四（明治七）年五月生まれで一九六八（昭和四三）年一二月一日没ですから、生存期間は九四歳六カ月強。四捨五入すると九五歳となります。

天風は九五歳の長寿を全うしたのです。

天風の死因についても正しく記しておく必要があります。

ある本には、天風の死因を肺癌と書かれています。そう書くことによって、その著者だけが天風の死を看取ったかのように演出していますが、これは間違いです。私は二〇〇八年一二月六日に、その著者に直接電話して確かめました。詳細は省きますが、肺癌ではありません。

残念なことに、これが世間だけではなく天風会会員の間でも信じられています。しかし天風の死は肺癌ではありません。こういう恣意的な嘘がまかりとおっていることが残念です。

天風会発表の公式の死因は「胆石症並びに胆嚢炎」です。

しかし、医師ならばだれでもわかることですが、超高齢者が病名のつけようがない自然死で亡くなった際、死亡診断書を前に、さて「直接死因」の記入欄にどのように記載しようかと迷うことが多々あります。今でこそ「老衰」と書いても問題ありませんが、一九六〇年代には老衰とは書けませんでした。老衰は直接死因になり得なかったのです。そこで急性心不全等々、苦し紛れの死因を書かざるをえませんでした。そういう時代での「胆石症並びに胆嚢炎」という病名なのです。天風を看取った医師団は大いに困っただろうと推測できます。

そういった事情から、「胆石症並びに胆嚢炎」は直接の死因とは言い難いと思っています。私は、九五歳という超高齢者である天風の直接死因には「老衰死」が最もふさわしいと思っています。「老衰」の原因欄に「胆石症並びに胆嚢炎」と書けばよかったのに、と思っています。でも時代が許さなかったのです。

本当の父親、最初の中学校、渡米、インドに渡った時期、インドから中国に渡った時期、そして帰国時期等々、これらについても、曖昧なまま、検証されないまま「天風ものの本」に引用されています。

天風は間違いなく、大名屋敷で育ちました。

父親は立花家一四代寛治《ともはる》（一八五八年生）と推定できます。

通説では九州柳川の士族、中村祐興が父親になっていますが、祐興は育ての親です。育ての親であって本当の父親ではありません。

小学校卒業後最初に入学したのは一般的には福岡の修猷館と言われていますが修猷館ではありません。修猷館入学の前に一八八八（明治二一）年「尋常中学伝習館」に入学しています。これも音源が残されています。

インド滞在が三年だとされていますが、これも間違いです。

国会図書館にある天風に関する最も古い時期の本には一年七カ月とあります。

大正末期の本には一年五カ月とあります。私の推測では一年六カ月です。少なくとも三年ではありません。

一九一一年インド入国が定説となっていますが、それでは天風と第一、第二辛亥革命（一九一一、一九一三年）の関係が説明できなくなります。天風は一九一〇（明治四三）年五月二一日にマルセイユの港を離れ、六月中旬頃よりインドに入国しています。

その後、三年間インドに滞在していたとすると、一年数カ月中国にいた後、一九一三年の辛亥革命に参加できないことになります。

こういった不正確な経歴が流布していることで、天風は実はインドに行ってはいないのでは、などとまことしやかに言われてしまうのです。インドでの修行は天風にとって重要な位置を占めます。それが否定されてしまうことになります。

こういったことからも、天風についての正確な経歴を検証する必要があるのです。

天風の経歴、歴史については、私なりに調べたものをあらためて書にするつもりですが、本書ではその一部、今までどの本にも書かれていない天風の歴史を掲載します。ご指摘、ご意見をお待ちしております。

誕生	1874（明治7）年5月（浅草にて。父立花寛治　母テフ）
中村家へ養子	1880（明治13）年7月頃（養父中村祐興）
本郷湯島小学校入学	1880（明治13）年9月
本郷湯島小学校卒業	1888（明治21）年4月
尋常中学伝習館入学	1888（明治21）年（福岡県柳川私立尋常中学伝習館）
尋常中学伝習館放校	1888（明治21）年
福岡県立修猷館入学	1889（明治22）年9月
修猷館投石事件	1891（明治24）年3月24日
殺傷事件	1892（明治25）年3月
修猷館退学	1892（明治25）年3月
頭山満に会う	1892（明治25）年3月または4月頃
清国へ	1892（明治25）年春（5月前後）満17歳または18歳

帰国　1896（明治29）年
学習院中学入学　1896（明治29）年
孫逸仙に会う　1897（明治30）年頃
学習院中学退学　1898（明治31）年？諭旨退学（1896年に2日で退学とも？）
順天求合社入学　1898（明治31）年
結婚　1901（明治34）年（妻ヨシ・福岡久留米出身。1884〜1962年）
参謀本部諜報部員に採用　1902（明治35）年
軍事探偵として満蒙へ　1902（明治35）年12月5日出発
死刑台　1904（明治37）年3月21日（月）午前8時40分脱出
軍事探偵解散　1906（明治39）年2月11日
朝鮮総督府の高等通訳官　1906（明治39）年3月頃
喀血　1906（明治39）年6月。1年10カ月日本滞在
アメリカへ向けて出国　1908（明治41）年3月（横浜港発上海経由とされる）
上海発　1908（明治41）年4月

長女鶴子の誕生　１９０８（明治41）年？4月16日
アメリカ着　１９０８（明治41）年6月
コロンビア大学医学部入学１９０８（明治41）年　耳鼻科、基礎医学科
同卒業　１９０９（明治42）年
アメリカ発　１９０９（明治42）年8月　アメリカに1年滞在
フランス発　１９１０（明治43）年5月21日　ヨーロッパに1年滞在
インドへ　１９１０（明治43）年6月6日　インドに1年6カ月滞在
インド発　１９１１（明治44）年12月はじめ
上海着　１９１１（明治44）年12月末
頭山満と再会　１９１２（明治45）年1月頃　中国北四川路（？）にて頭山満と再会
第二次辛亥革命参加　１９１３（大正2）年7月　辛亥第二革命に参加
帰国　１９１３（大正2）年8月　兵庫県舞子の浜の八角堂（移情閣）に半年滞在
東京に戻る　１９１４（大正3）年1月もしくは2月頃
実業界へ転身　１９１４（大正3）年～１９１９（大正8）年（東京実業貯蔵

銀行頭取等）
虎の檻に入る　１９１８（大正７）年
平炭坑事件解決　１９１８（大正７）年
辻説法開始　１９１９（大正８）年６月８日　上野公園精養軒前の礎石の上
国民心身改良実行統一協会設立　１９１９年（大正８年）　すぐに「統一哲医学会」と改
名
死去　１９６８（昭和43）年12月１日午前１時55分死去。享年95歳。
（老衰）

おわりに

沢山の天風ファンの方が、それぞれ天風の言葉を本にされています。明治、大正、昭和と生きた天風の言葉は、明治、大正の言葉です。時としてその言葉は今の人たちには難しく感じられることがあります。

難しいままでは天風の心をなかなか世に広めることはできません。

私は「天風を世に広める会の会長」を自認しています。もっと平易な言葉で天風の教えを伝えたいと思い、この本を著しました。

私の人生でもいろいろな困難、判断に迷うことがたくさんありました。それでも今日、元気に毎日を過ごせているのは、天風に巡り会ったからだと心の底から思っています。

天風の言葉の一つひとつが、私を力強く生かしてくれたのだとつくづく思います。

私が感動した言葉、ああこれではいけないなと反省した言葉、天風はたくさんの言葉を残してくれました。そうした言葉が、知らず知らずのうちに私の力になっています。

中村天風は偉大な人です。知る人ぞ知る偉人、傑物です。もっともっと多くの人に知られてよい方だと思います。

「たった一回きりの人生だよ、もっともっと楽しく、有意義な、価値の高いものにしようよ」

天風師はそう言いました。

そのお心を、少しでも伝えられれば嬉しく思います。この本が、皆様のお役に立てることを願っています。

参考文献

「志るべ」（天風会機関誌）
「真理践行暗示誦句集」（昭和35年修練会員用）
「箴言注釈」（天風会総本部）
「真人生の探求」（天風会総本部）
「哲人哲語」（天風会総本部）
「哲人あの日あの時」（天風会京都支部編）
「盛大な人生」（日本経営合理化協会出版局）
「成功の実現」（日本経営合理化協会出版局）
「心に成功の炎を」（日本経営合理化協会出版局）
「君に成功を贈る」（日本経営合理化協会出版局）
「いつまでも若々しく生きる」（日本経営合理化協会出版局）
「いのちを活きる」杉山彦一（天風会）
「運命を拓く」（講談社文庫）

「真人生の創造　中村天風講演録」（ＰＨＰ研究所）
「中村天風を学ぶ」遠藤靖子・稲松信雄・松本光正（河出書房新社）
「中村天風の教え　君子医者に近寄らず」松本光正（あっぷる出版社）
「中村天風講演録　心身統一法入門編」ＣＤ
「中村天風講演録　心を磨く　研修科編」ＣＤ
１９５９年10月末　芦屋講演　ＣＤ
１９６１〜６８年　東京講習会、東京夏期修練会、秋期真理瞑想補正行修会録音テープ

【著者略歴】松本光正（まつもと　みつまさ）
1943年生まれ。医師。天風会講師。中村天風研究家。
1969年北海道大学医学部卒業。浦和民主診療所所長、おおみや診療所所長を経て、現在サン松本クリニック院長。
駒場東邦高校在学時に、中村天風の最晩年の弟子になり薫陶を受ける。

著書
『やっぱり高血圧はほっとくのが一番』（講談社）
『やってはいけない高血圧治療』（角川書店）
『かぜ薬は飲むな』（角川書店）
『中村天風の教え 君子医者に近寄らず』（あっぷる出版社）
『検診・手術・抗がん剤に頼らない癌の本』（あっぷる出版社）
『高血圧はほっとくのが一番』（講談社）
『人生いきいき 笑いは病を防ぐ特効薬』（芽ばえ社）
『飲み方をかえれば漢方は効く』（本の泉社）
『呆けない人の15の習慣』（本の泉社）
『血圧心配症ですよ！』（本の泉社）
『お金いらずのダイエット』（地涌社）　他
共著
『中村天風を学ぶ』（河出書房新社）
『高血圧を自力で治す本』（マキノ出版）
『健康不安と過剰医療の時代』（長崎出版）
『食品添加物の非科学』（芽ばえ社）　他
監修
『血圧は高めがちょうどいい』（宝島社）

強い人生をつくる 中村天風の言葉

2020年4月10日　初版第1刷発行

著　　者……松本光正
発 行 者……渡辺弘一郎
発 行 所……株式会社あっぷる出版社
〒101－0064 東京都千代田区神田猿楽町2-5-2
TEL 03－3294－3780　FAX 03－3294－3784
組　　版……あっぷる出版社制作室
印刷製本……モリモト印刷
装　　幀……クリエイティブ・コンセプト

好評既刊

松本光正／著
四六判並製／１７６頁
定価：本体１５００円＋税
ISBN978-4-87177-334-8

検診・手術・抗がん剤の前に読む「癌」の本

―過剰な医療が命を縮める

早期発見早期手術という「常識」は本当なのか？　プラス思考で癌と向き合うために。

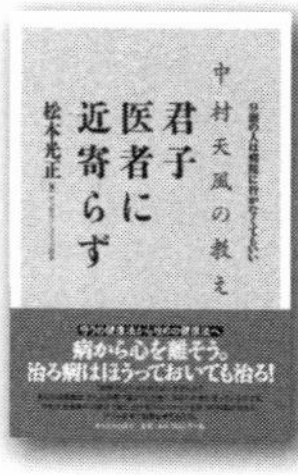

松本光正／著
四六判並製／１６０頁
定価：本体１５００円＋税
ISBN978-4-87177-343-0

中村天風の教え　君子医者に近寄らず

―９割の人は医者に行かなくてもいい

「病感」に取り憑かれてはいませんか？　病から心を離す攻めの健康法とは。